imaginist

想象另一种可能

理想国
imaginist

一切皆契约

聂辉华 著

真实世界中的博弈与决策

上海三联书店

序言 更好地理解这个不完美世界

说到经济学，很多人会问：经济学是不是很复杂，全是高深莫测的数学公式？经济学是关于国家宏观经济政策的，跟我们普罗大众有什么关系吗？也许还有人会说：哦，经济学，我懂的，不就是价格决定一切嘛。

然而，上述三种观点都是对经济学的误解。如果你也有类似的疑惑，那么读完这本书，我相信你对经济学会有焕然一新的感觉。

古代官债荐仆的故事

在正式开始之前，我先给大家讲一个故事，这个故事在任何经济学教科书上都看不到。

大家都知道，在中国古代，一个普通人要想出人头地，最主要的渠道就是参加科举考试。但是大家未必知道,一个读书人,经过十年寒窗苦读,考取了举人,只是获得了做官的资格。因为古代的官员编制非常稀缺,也是严格控制的。我们以清朝为例。平均每年大概有500人考取举人,但是每年空出来的地方官职(主要是县令)不到50个,因此举人被外派到地方做官的概率连十分之一都不到。

那么,外派官员选拔的方式是什么呢?是抽签。清朝时,地方官员的任命都是由位于都城北京的吏部,根据每年符合条件的候选官员数量,通过抽签的方式进行派发。由于僧多粥少,很多举人在京等待外派,一等就是十年。在乾隆时期,有人为了等待一个知县的补缺,居然等了三十年!是不是比大家想象中的举人惨多了?

在古代,读书是一件很奢侈、很花钱的事情。十年寒窗,已经让读书人花费不少;考取举人之后,还要在北京等待十年,更是让他们雪上加霜。盼星星盼月亮,一些幸运的举人好不容易等到了外派做官的机会。那是不是马上就要发财了呢?并不是。等了这么久,终于可以做官了,所以要请客送礼办酒席,从北京赶到遥远的外地县城上任,一路上需要交通费、住宿费,到了当地还要租房子,雇佣师爷、仆人、轿夫等几十个打下手的人,这些都需要大笔的钱。这些费用谁出?既然是朝廷任命当然是朝廷出钱吗?并不是,这些费用,都是官员自己负担,这是朝廷的制度规定的。

面对这一笔巨额支出,怎么办?借呗。但问题是,这些外派官员有不少已经一贫如洗,连件像样的抵押物都没有。因此,对于一般的钱庄、票号或者私人债主,向官员发放贷款的风险太大了,很可能形成不良贷款。这种情况下，官员要借钱，只能借高利贷。利息有多高呢？根据历史学者的研究，一般都超过100%。甚至，在乾隆时期，有一笔贷款的利息是本金的120倍。

有人会问，外派官员不是还有未来的工资收入吗？说到这里，我们也要科普一下。清朝官员的正式工资是很低的。有多低呢？一个县令一年的工资大概是45两白银。45两银子是什么概念呢？有专家算过，一两银子大概相当于现在的450元人民币。因此，45两银子的年薪就相当于两万元人民币，一个月还不到1700元！他们还有其他收入吗？有的，"三年清知府，十万雪花银"。就是因为官员一旦借钱后，为了偿还高额利息，上任之后很可能会通过贪污受贿的方式搜刮钱财，所以清朝严格禁止任何机构或个人向官员放高利贷，违者将被问罪。

本来，钱庄可以和即将外派的官员签订一份高利贷契约。前者是债权人，后者是债务人。但是，这份契约在执行时存在几个严重的问题。第一，作为债务人的官员没有值钱的抵押物。第二，这种高利贷契约是违法的。一旦违约，债权人的利益无法得到官府的支持。第三，债权人和债务人之间存在严重的信息不对称。一旦官员上任，远在京城的债权人既不知道官员的真实收入是多少，也不知道官员会不会光顾着花钱而根本不存钱还债。如果这个官员有好几个债主，谁能保证官员先偿还自己的那笔贷款呢？这些问题，就是我们在本书即将介绍的逆向选择和道德风险问题。

看似这是一个无解的困局。但别担心，**哪里有利益，哪里就有**

办法。在借贷者和外派官员的重复博弈过程中,一个地下金融市场出现了。市场专门为外派官员量身定制了一款金融产品,学名叫作"官债",就是专门针对外派官员发放的高利贷。因为大部分候任官员都在京城,所以官债又叫"京债"。专门发放官债的机构叫"账局",就是一种金融机构,类似于私人银行。一旦某个举人幸运地被吏部抽中外派了,账局立马找上门来。

"官爷,在我们这贷款吧,金额大,免抵押,还没有中间商赚差价。"

"还有这样天上掉馅饼的好事?那你们什么条件啊?"

"我们就一个条件,借了我们的钱,就得用我们的人。您必须同意我们安排一个仆人在您手下当差。"

"送钱还送人?!我没听错吧?"

"得嘞,那您签字画押吧。"

古代金融契约的现代启示

不知道你有没有从上面这个故事中发现其中的玄机?作为债权人的账局,向外派官员推荐一个仆人(古代称为"荐仆"),有两个功能。第一,监督官员的真实收入和还债行为,减少信息不对称。第二,外派的仆人一般都具有地方管理经验,因此还可以协助官员在当地增加收入。在账局和外派官员的博弈中,荐仆就相当于一个巧妙的机关，破解了困局，实现了双赢。

以上故事只是我们的理论推测，那么，这种"官债荐仆"的机制是否符合真实世界的情况呢？中国人民大学经济学者苗萌和历史学者牛贯杰合作，专门研究了清朝官债市场的运作机制，并且其英文论文发表于国际顶级的《金融经济学期刊》(JFE)。他们通过收集清朝官员的个人日记，整理了1820—1910年256笔借贷契约，然后通过数据分析发现了几个重要结论。第一，外派官员的上任地点离北京越远，越可能接受账局派出的仆人；第二，初次外派的官员，更有可能接受账局派出的仆人。原因是，离北京越远就越容易造成信息不对称，而初次外派的官员既缺乏经验，之前又没有和账局打过交道，因此信息不对称程度更严重。所以，这两个结论完美地证实了我们的推测，官债荐仆的确是解决借贷契约信息不对称问题的有效机制。

我们将时间视角向上延伸。隋朝开启了科举制的先河，而唐朝将其发扬光大。有意思的是，民间的这种官债荐仆机制，正是在唐朝晚期开始出现。我相信这两者绝不是巧合，而是印证了一个传统智慧：**哪里有需求，哪里就有市场**。

我们再将空间视角向外延伸。日本的企业在融资时主要向银行借款，而不是在股票市场上融资。那么，在信息不对称的条件下，银行如何避免不良贷款呢？答案是，银行向企业派出董事或经理，负责监督和指导企业的经营活动，并且在企业陷入财务困境时接管企业，这形成了独特的主银行制度。众所周知，日本和中国文化同根同源，可能日本就是受到了中国古代借贷契约的启发，而主银行制度就是现代版的官债荐仆制度。

这本书要讲什么？

首先，经济学并不高深。不用任何数学公式，我们也能理解经济学的逻辑。

其次，经济学跟我们每个人息息相关。账局和官员之间的借贷关系就是一种契约关系，而且这个博弈带有严重的信息不对称问题。在日常生活中，无论是买房还是创业，我们都会面临借钱的难题。我们不知道对方的人品，对方也不知道我们的还款能力。在这种信息不对称的条件下，借还是不借，这是一个问题。在这方面，经济学能够借我们一双慧眼。

最后，经济学不仅仅是价格机制。在账局和官员的借贷博弈中，资金的价格——也就是利率，并不是解决信息不对称问题的关键，关键是安排了一个荐仆。这其实是一种非价格机制。其实，在真实世界里，很多时候我们并不是通过价格来配置资源的，而是通过非价格机制来配置资源的。在这本书中，我会告诉大家，在信贷市场上，价格机制往往会失灵。这提醒你，如果你认为经济学原理就是价格机制，那么你可能需要重新理解经济学。至少，你可以暂时放下手边的《经济学原理》教科书，或者《XX经济学讲义》，看完这本书，我相信你会有不一样的收获。

我这本书的名字是《一切皆契约：真实世界中的博弈与决策》。它的分析框架是"契约理论"（contract theory）。经济学中的契约，是指所有人与人之间的博弈关系。我们在前文讲的借贷就是一种契约，买卖是一种契约，婚姻是一种契约，所有的法律和制度以及国家，都是一种契约。总之，我们就是生活在一个契约的世界里。契约理论的主要目标，就是通过设计最优的契约，来减少信息不对称问题，提高社会总福利水平。

现代经济学主要有两大功能：一是解决信息不对称下的激励问题，二是寻找数据背后的因果关系。这本书就是要给大家提供一个理论分析框架，从信息不对称的角度来解释这个不完美的世界，并且帮助大家做出最优决策。

这本书会给你带来什么？

第一，这本书将给你提供一种不同的角度看待世界，并让你感受到"意料之外，情理之中"的经济学魅力。

诺贝尔经济学奖得主哈耶克（Friedrich Hayek）曾经说过："我们所理解的社会科学，乃是我们认为的社会科学。"意思是，你戴什么样的眼镜，你就看到什么样的世界。这本书将为你提供一副认识世界和改造世界的眼镜，让你看到不一样的风景。你可能没想到，清朝的吏部用抽签来分配官员职位，而今天的银行有时用抽签来发放贷款。这些奇闻看上去出人意料，但是当你知道这其实是解决信息不对称问题的次优办法时，你又会觉得这是情理之中。"意料之外，情理之中"才能展示经济学的魅力。

第二，这本书是经济学与管理学的完美结合，真正做到"有趣、有理、有用"。

很多人学了经济学之后，常常困惑于不知道怎么用。这本书会告诉你：招聘时如何筛选"南郭先生"？考核时如何剔除运气的成分？作为老板如何防范下属合谋？企业并购为什么会失败？你会发现，经济学就是"七种武器"，将助你一臂之力。

第三，这本书帮你树立更高的格局，从制度的角度看透问题的本质。

人们常说："眼界决定境界，格局决定结局。"这本书的主要框架是契约理论，契约的本质是制度，因此契约理论实际上是从顶层设计高度来制定最优社会规则。我们不仅将讨论老板如何设计最优的工资契约，我们也讨论国有企业的产权改革、政府和市场的最优边界，以及中央和地方之间的最优契约。

关于作者

最后，向大家介绍一下我自己。

作为一名经济学教授，我的主要研究领域是契约理论和制度经济学。在中国人民大学，我给研究生讲授契约理论已经十四年了。学生经常说，聂老师，你的课程全是数学模型，能否不用任何数学模型给我们讲授一门通俗易懂的契约理论？我一直希望实现学生们的这个心愿。

特别幸运的是，2009—2010学年，我在哈佛大学经济学系做了一年博士后，导师是世界著名经济学家奥利弗·哈特（Oliver Hart）教授，他因为契约理论方面的开创性贡献而获得了2016年的诺贝尔经济学奖。我不敢说是他的亲传弟子，但我讲授的契约理论绝对是原汁原味的。此外，我调研和访谈过上百个企业和官员，我越来越觉得大学课堂的经济学就像是"黑板经济学"。在这本书中，我希望能够融入宝贵的调研体会，让大家感受"真实世界经济学"的魅力。

千里之行，始于足下。下面我们正式开始。

目 录

第一章 真实世界的经济学

第1讲 导论
经济学是干什么的？ / 003

第2讲 一切皆契约
经济学的本质就是契约分析 / 009

第3讲 思维框架
如何在信息不对称下做出最优决策？ / 016

第二章 职场和管理的经济学分析

第4讲 信号发射
为什么上大学才能证明你自己？ / 025

第5讲 动态道德风险
刚工作时该不该好好表现？ / 031

第6讲 考核难题
为什么领导都喜欢"马屁精"？ / 038

第 7 讲　薪酬契约
　　　　　凭什么CEO赚得那么多？　／ 044

第 8 讲　公司治理I
　　　　　企业家和资本家谁更应该控制企业？　／ 051

第 9 讲　信息甄别
　　　　　如何招聘到真正的高手？　／ 059

第10讲　道德风险
　　　　　哪些员工适用股权激励？　／ 066

第11讲　激励难题
　　　　　为什么奖励反而产生了负面效应？　／ 073

第12讲　动态逆向选择I
　　　　　孔子为什么批评"好人好事"　／ 080

第13讲　多任务冲突
　　　　　KPI考核是灵丹妙药吗？　／ 087

第14讲　团队生产问题
　　　　　末位淘汰制是灵丹妙药吗？　／ 094

第15讲　合谋理论
　　　　　老板如何防止下属欺骗？　／ 101

第16讲　公司治理II
　　　　　集权好还是分权好？　／ 108

第三章　企业和市场的经济学分析

第17讲　交易成本
为什么组织内部不能随便引入竞争机制？　/ 117

第18讲　动态逆向选择II
为什么垄断企业要主动降价？　/ 124

第19讲　产权理论
为什么70%的企业并购会失败？　/ 132

第20讲　关系契约
加盟店与直营店哪种扩张模式更好？　/ 140

第21讲　参照点理论
"损人"到底能不能"利己"？　/ 148

第22讲　双边信息不对称
为什么双方都挣钱的生意却做不成？　/ 156

第23讲　非价格机制
为什么银行用抽签的方式发放贷款？　/ 164

第四章　家庭和理财的经济学分析

第24讲　风险规避
为什么日本的家族企业长盛不衰？　/ 175

第25讲　债务契约
　　　　穷人为什么穷，富人为什么富？　/ 183

第26讲　社会网络
　　　　份子钱该不该取消？　/ 191

第27讲　不完全契约
　　　　为什么每天有2万人离婚？　/ 200

第28讲　抵押和声誉
　　　　婚姻为什么要"门当户对"？　/ 208

第29讲　少比多好
　　　　为什么合同要故意留下漏洞？　/ 216

第30讲　拍卖理论
　　　　怎么让你手里的宝贝卖出天价？　/ 224

第五章　政府和国家的经济学分析

第31讲　共同代理问题
　　　　为什么食品安全问题不好管？　/ 235

第32讲　国企改革
　　　　如何避免褚时健的悲剧？　/ 243

第33讲　公共管理的边界
　　　　美国的监狱该不该私有化？　/ 251

第34讲　财税体制
　　　　中央和地方如何分钱？　/ 260
第35讲　国际贸易
　　　　中国如何摆脱"用衬衫换飞机"的困局？　/ 268

参考文献　/ 277

第一章

真实世界的经济学

第1讲　导论

经济学是干什么的？

经济学就是选择题

经济学的目标，最简单概括，就是让稀缺资源实现最优配置。一方面，世界上所有的资源都是有限的、稀缺的；另一方面，人们的欲望却是无穷的。在有限的资源和无限的欲望之间，必然产生矛盾。而经济学的使命，就是减少这种矛盾，让资源实现最优配置。

比方说，你现在有30万元，你可以用它来买车，也可以用它来做买房的首付。但不可能同时实现两个愿望，因为钱不够。那么，怎样才能让这30万元钱发挥最大的价值呢？这就是生活中的一个经济学问题。不管是买房还是买车，两种方案只能选一种。再比如，你一天只有24小时，除了吃饭和睡觉，你还可以刷抖音和看书。刷抖音的时间多了，看书的时间就少了，你怎么选？高考填报志愿时，不管你填哪些大学，最终你只能去读一所大学。比如，兰州大学和暨南大学，一所是 985 大学，一所是 211 大学，前者在西部，后者在广州。你会选哪个？等你大学毕业了，有两个工作机会：一个是大城市的小单位，一个是小城市的大单位。你又会选哪个？

听了上面的几个例子，你可能有点焦虑了，也有点困惑了。这跟经济学有什么关系呢？其实经济学其实并不是教你怎么赚钱投资的，而是教你如何做选择的。也就是说，经济学是一门关于选择的科学。既然我们一生都在做各种选择，经济学当然就跟我们每个人息息相关了。

《三体》中的博弈

那么，经济学怎么帮助我做出最优选择呢？我们以一个故事开始说明，这个故事来自著名的科幻小说《三体》。《三体》的作者，是曾在山西省娘子关火电站工作的工程师刘慈欣。这本书先后获得了中国和世界科幻作品的最高奖。

《三体》讲述了地球文明、三体文明以及宇宙中其他文明之间的博弈。《三体》的所有故事情节，都是从两个公理演绎的，而这两个公理，都体现了经济学的假设。

公理 1：生存是文明的第一需要。在不同文明的激烈竞争中，生存压倒一切，活下来才是最重要的。这也是经济学的基本假设——人都是自利的，消费者追求效用最大化，生产者追求利润最大化。

公理2：文明不断增长和扩张，但宇宙中的物质总量保持不变。这就是我前面提到的，资源是稀缺的，人们必须在各种选择之间做出取舍，各种文明为了生存而博弈。

下面，我就从《三体》第一部开始讲起。当三体文明收到了来自地球的信息之后，立刻派出了入侵的舰队，并向地球发射超强武器——名字叫作"水滴"。"水滴"无坚不摧，不到一小时就摧毁了太空中的地球联合舰队。在这种情况下，地球舰队的"自然选择"号星际战舰的舰长章北海面临一个选择：是留下来与"水滴"战斗，还是想办法逃跑？这是生死攸关，甚至是关乎人类亡球灭种的重大选择。

作为一种选择题"指南"，**经济学告诉你的第一条规则是：根据成本—收益法进行选择，"两害相权取其轻，两利相权取其重"**。简单地说，哪个好处大就选哪个。对章北海来说，留下来战斗的好处（或收益）是，自己会成为英雄；成本是，几乎百分百会死亡，因为人类根本就不是三体文明的对手。相反，逃跑的好处是可以活下来，并且为人类留下火种；成本是，自己变成了人类的叛徒，而且很可能被追杀。在故事中，章北海"叛逃"之后，地球就立即派出了四艘星际战舰前往追捕。于是，章北海的选择就非常明显了：要么成为悲壮的英雄，要么耻辱地活下来。注意，这两件事情不能同时实现，因为成本和收益是一个硬币的两面。用经济学的话来说，你做一件事情付出的成本，就是你放弃的另一件事情所带来的收益。因此，经济学上所有的成本，都是"机会成本"。对章北海来说，成为英雄的机会成本就是无法活下来，而活下来的机会成本就是无法成为英雄。

根据成本—收益法，章北海究竟应该选哪个呢？根据公理1，生存是文明的第一需要。哪个选择能够最大化生存的概率，哪个选择的收益就最大。因此，毫无疑问章北海应该选择逃跑，这样才有生存的希望。事实上，他也是这么做的。从事后来看，这是一个理性的选择。因为地球已经被三体文明占领，章北海战舰以及追捕他们的四艘战舰成为唯一逃离地球并且活下来的战斗部队。

讲到这里，你可能会觉得，原来做选择题的规则就是选出哪个收益大，这不是很简单吗？很遗憾，问题不是你想象的那样。

经济学告诉你的第二条规则是：每个人在做选择时，必须考虑他人的选择。因为我们每个人不是孤立地生活，而是生活在一个互动的社会里。你的选择会影响别人的选择，别人的选择同样也会影响你的选择。因此，你在选择时，必须考虑别人的反应，然后根据这种反应做出自己的选择。反过来，别人选择时，也必须将你的反应考虑在内。这其实就是经济学上的"博弈"过程。什么叫"博弈"呢？博弈就是下棋。你在移动棋子之前，要考虑对手会怎么移动，对手也要考虑到你会怎么移动，然后你再将对手对你的反应考虑在内。如此循环往复，就是一个博弈的过程。相反，如果你不考虑对手的反应，那么你很可能会做出错误的选择，甚至会被对手消灭。

章北海的悲剧就在于他没有足够快速地考虑对手的反应。在章北海逃离地球的过程中，章北海的战舰与追捕他们的四艘战舰之间形成了一种博弈。章北海战舰离最近的目标星系有十多光年距离，离最终的可生存星球还有六万光年距离,这是非常遥远的距离。问题是,距离这么遥远,而当前携带的燃料和食物根本不够。要生存,唯一的办法就是消灭其他战舰,然后夺取他们的食物。

章北海再一次面临一个艰难的选择:要么所有人在缥缈的太空中死掉;要么消灭其他战舰。其他战舰都是来自地球的亲密战友,消灭他们实在是一种"作恶"的策略。其他战舰也面临同样的选择:要么死,要么作恶。根据公理 2,资源总量是不变的,有限的资源不可能让每艘战舰都活下来。因此,这是一个残酷的"零和博弈",没办法实现共赢。

根据公理 1,生存压倒一切。因此,从每个人最大化自己利益的角度讲,作恶是每艘战舰的最优策略,也是唯一的选择。无论如何,消灭自己的战友毕竟是一件残酷的事情,于是章北海稍微犹豫了一会,但最终决定消灭对手。然而,就在章北海启动攻击之前,一艘名叫"终极规律"号的战舰抢先向其他四艘战舰发射了武器。有意思的是,"螳螂捕蝉,黄雀在后"。另一艘星际战舰"蓝色空间"号比"终极规律"号更早实施作恶策略。它不仅躲过了对手的袭击,而且将其他对手全部消灭了,成为这五艘战舰中的唯一胜者。其他四艘战舰上的所有可用资源都被"蓝色空间"号取走。

这就说明了,人们在做出选择时,如果只是考虑自己的成本和收益,而忽视了对手的反应,那么就会付出巨大的代价。

从理想的角度讲,我们当然希望每个人都行善,而不是作恶。但是,如果其他人都行善,那么作恶的人就可以得到所有的好处,而且还不受任何惩罚。于是,哪怕行善是对大家都有利的策略,也不会有人选择行善,而是竞相选择作恶。如果大家全都选择作恶,这个社会就没法变好,这是最糟糕的结果。然而,**从个体利益最大化的角度讲,明知集体选择的结果是最糟糕的,每个人仍然不得不做出这样的选择,这就是博弈论中著名的"囚徒困境"**(prisoner's dilemma),也是《三体》世界里的黑暗森林法则。

说到这里,结论似乎是悲观的。但是,根据博弈论的研究,人类社会完全可以走出自相残杀的囚徒困境。例如,著名的博弈论专家罗伯特·阿克塞尔罗德(Robert Axelrod),在他的名著《合作的进化》(The Evolution of Cooperation)中发现,无须使用复杂的策略,最简单的策略"一报还一报",就可以实现人类的合作,从而走出囚徒困境。在本书中,我也会分析很多不完美的博弈现象,然后从契约理论的角度提供相应的解决方案。要相信,**办法总比问题多**。

第2讲 一切皆契约

经济学的本质就是契约分析

在上一讲，我们了解到，经济学的目的，是让稀缺资源实现优化配置。现实生活中，经过市场经济的洗礼，很多人都认为，价格是实现资源优化配置的手段。在这一讲，我们将讨论，为什么价格并不是配置资源的唯一手段。

口罩该不该涨价？

翻开任何一本流行的经济学原理教科书，不管是哈佛、耶鲁的，还是牛津、剑桥的，它们的主要结论都可以归纳为一句话：价格引导资源实现最优配置。这就是所谓的"福利经济学第一定理"，也是新古典经济学最重要的结论。这个定理背后的逻辑是这样的：如果市场上有无数个买方和无数个卖方，那么买卖双方之间的竞争会导致一个均衡价格出现。这个价格是供求双方力量共同决定的，任何人都无法改变。在均衡价格下，所有愿意买的人都能买得到，所有愿意卖的人都能卖出去，这就实现了资源的最优配置。因此，买卖双方在做决策时，根本不需要花时间去了解其他信息，例如买卖双方是什么人，甚至商品质量怎样，因为价格就包含了所有的信息。

看起来很简单，只要让价格起作用，所有的问题都解决了。例如，新冠肺炎暴发初期，口罩严重短缺，以至于"一罩难求"，怎么办？按照一些经济学家的逻辑，唯一的办法就是提高口罩价格。价格高了，愿意买的人就少了，需求就会逐渐下降到和供给相等的水平，于是供求平衡了，资源实现了最优配置。

但是，这个观点是错误的！

普通的医用口罩，平时可能是1元钱一个。在疫情期间，价格曾经涨到了10元钱一个。如果一个口罩用一天，那么一个月就要多花300元钱来买口罩。对于一个月收入只有1千多元钱的穷人来说，他根本就买不起口罩。如果穷人买不起口罩，会出现什么后果呢？

首先，穷人的感染率会提高。一是因为他们买不起口罩，二是因为他们舍不得花钱去医院看病，三是穷人的工作性质决定了他们往往要经常暴露在户外。其次，患病的穷人会传染给别人，导致整个社会的感染率提高。最后，原本买得起天价口罩的富人，也会增加感染率。

所以，如果只是通过提高价格来保障口罩供应，那么价格越高，最终感染者可能越多。换句话说，涨价将导致损人不利己的最坏结果，而不是最优结果。这说明，**在资源配置过程中，价格不是唯一的机制，更不是万能的机制。**

新古典经济学价格理论的缺陷

新古典经济学的价格理论之所以失灵，是因为它存在几个明显缺陷。第一，它把所有东西看作是普通商品，忽视了一些东西的公共价值属性。比如，疫情期间的口罩就不是普通商品，而是一种公共保障品。政府有义务保障穷人对口罩的基本需求。

第二，它把所有的市场都看作是完全竞争市场。所谓完全竞争市场，就是有无数个买家和卖家的市场，双方之间充分竞争。但是在现实中，绝大部分市场都不是完全竞争市场，并且价格无法快速地引导供给等于需求。以口罩生产为例，有媒体报道，在生产车间，只需要0.5秒就可以生产一只口罩。这其实会误导大家。一个企业要转产医用口罩，首先需要引进专门的生产流水线，接着要购买原材料。生产出样品之后，要送到质量技术监督部门去检测，确保产品合格，才能从市场监管部门获得生产许可证。拿到许可证了，开工生产。刚生产出来的口罩，上面有一种叫作环氧乙烷的残留物质，这种物质会引起癌症，因此还需要进行解析。解析的过程，一般是14天，最短也要7天。把上面这些时间加在一起，你就会发现，没有一个月，普通企业根本不可能生产出口罩来投放市场。这就意味着，即便提高价格，短期内也无法刺激更多厂家立即提高供给。因此，按照我们前面的推理，提价只会让穷人利益受损，增加全社会的感染率。

第三，它把决策者看作原子式的个人，忽视了人与人之间的相互影响。虽然价格可以将富人和穷人对口罩的需求隔离开来，却无法在社会联系上将富人和穷人隔离开来。我们第一讲就曾说过，每个人在做出选择时，都要考虑到其他人的反应。

在一个不完美的复杂世界中，试图借助简单的价格理论"手起刀落"地解决问题，这只是很多经济学初学者的一厢情愿。追求"大道至简"本身并没有错，错的是很多人找错了解决问题的工具。那么，面对纷繁芜杂的世界，什么才是我们剖析社会问题的有力工具呢？

大多数人了解的经济学，主要是新古典经济学，但新古典经济学只是经济学的一部分，而不是全部。传统的新古典经济学假设市场是完全竞争的，主要使用价格理论来解释个体的最优选择，包括消费者如何实现效用最大化，生产者如何实现利润最大化。诺贝尔经济学奖得主布坎南（Buchanan）把新古典经济学称为"选择科学"（the sciences of choice）。

与此同时，以博弈论、信息经济学、契约理论和新制度经济学为代表的新兴经济学分支，在20世纪70年代之后蓬勃发展。它们放弃了完全竞争市场的假设，被称为"契约科学"（the sciences of contract）。布坎南断定，如果经济学把"选择科学"作为发展方向，就是误入歧途，正确道路应该是成为一门"契约科学"。契约科学的核心是契约理论，也就是这本书要介绍的主要内容。

何为契约？

究竟什么是"契约"？

契约（contract），是当事人之间关于权利和义务的一种约定。**世界上所有的人与人之间的关系，所有的制度和法律，本质上都是一种契约。** 商品买卖是一种契约，买家付出金钱，卖家提供合格商品，彼此不能欺诈；雇佣是老板和员工之间的一种契约，按我们江西方言来说，"拿谁的碗，就服谁管"；债务是借贷双方之间的一种契约，债主有权在约定时期收回本金和利息；婚姻是夫妻双方之间的一种契约，彼此之间负有忠诚义务；村规民约是一种契约，大家共同遵守集体制定的游戏规则；国家和宪法可能是最高层次的契约，公民通过让渡一部分个人权利来换取全社会的总体利益最大化，这就是卢梭的"社会契约论"。

因此，在经济学中，契约是一个广义概念，包括口头约定、文化习俗等各种隐性契约或非正式契约，并不仅仅包括具体的法律合同。一句话，一切皆契约。

契约科学vs.选择科学

"契约科学"跟传统的"选择科学"有哪些区别呢？如果我们学过一些基本的经济学原理，知道价格理论，为什么还需要学习契约理论呢？有三个理由。

首先，研究对象不同。"契约科学"主要关注制度层面的问题，比如在一个企业，谁应该当老板，谁应该有股权。与此不同，作为一门"选择科学"，新古典经济学主要关注特定制度或者博弈规则下的行为和结果。比如，假设企业老板已经和你签订劳动合同了，你应该怎么工作才能提高收入。所以，如果想了解制度层面的知识，或者要做管理工作，显然就有必要学习契约科学或者契约理论。

其次，基本假设不同。传统的"选择科学"假设市场是完全竞争的、交易双方之间是信息对称的，而"契约科学"假设市场是不完全竞争的，交易双方之间存在信息不对称。比如，在婚姻市场上，结婚之前双方都可以选择不同的配偶，看上去这是一个完全竞争的市场。因此，按照新古典经济学的逻辑，结婚就是一种最优选择。但问题来了，怎么解释婚后有那么多人离婚呢？契约理论就可以解释这种悖论。男女双方一旦结婚，就从一个竞争性市场变成了双边垄断市场。而且，为了维持婚姻，双方都需要付出很多沉没成本，比如养家糊口以及生儿育女。双方之间根本就不是一种竞争性市场，谁也没法轻易"用脚投票"。另一方面，俗话说得好，"知人知面不知心"，有时候了解一个人的品德和能力需要很长时间，而这种信息不对称又往往是婚姻不幸福的主要原因。那么按照契约理论的逻辑，应该如何减少婚姻中的信息不对称呢？这个问题，我们在后面的内容里会介绍。

在真实世界中，面对牢骚或抱怨，那些只懂得经济学皮毛的人，往往喜欢居高临下地指责"这是一个竞争性市场，不喜欢你可以用脚投票啊"。我们应该同情地理解他们，是知识限制了他们的判断力。

最后，分析框架不同。传统的"选择科学"把决策者看作是原子式的个体，彼此之间没有互动。"契约科学"把所有人与人之间的关系看作是一种契约关系，强调决策者之间的博弈和互动。比如，口罩就不仅仅是一种商品，它暗含了政府有责任为普通居民提供健康保障的一种隐性契约，还体现了穷人和富人之间的博弈。

当一种商品被嵌入到不完美世界的博弈时，传统的新古典经济学显然无法胜任，我们必须掌握直面真实世界的契约理论。

第3讲 思维框架

如何在信息不对称下做出最优决策？

信息不对称导致的亡国悲剧

很多人都知道北宋很繁荣，但很多人不知道的是，北宋的繁荣和灭亡跟两份契约有关。第一份契约是"澶渊之盟"，这本来是一份保障北宋和平的契约。但是，后来的皇帝太爱作了，又跟别人秘密地签了第二份契约——"海上之盟"。北宋皇帝本来是想利用信息不对称玩弄邻国，结果却让自己付出了亡国的代价。

我们先来说说第一份契约澶渊之盟。公元1005年，北宋与辽国签订了一份契约：宋辽为兄弟之国，宋每年为辽支付岁币，白银10万两、绢20万匹，两国在边境开展贸易。这就是著名的澶渊之盟。澶渊之盟结束了宋辽之间持续25年的战争，为北宋赢得了100多年的和平。可惜，国家之间既没有永远的盟友，也没有永远的敌人，只有永远的利益。

接下来说第二份契约海上之盟。在第一份契约100多年后，辽国衰落了，东北的金国强盛了。于是，当时的宋徽宗赵佶决定背信弃义，联合金国攻打辽国。公元1120年，宋金两国在海上达成一份秘密契约：金国从东北方攻打辽国，北宋从西南方攻打辽国；灭辽之后，北宋将岁币转给金国，金国将辽国占领的燕云十六州还给北宋。史称海上之盟。随后，强盛的金国很快攻占了辽国的东北部，但是软弱的北宋两次出兵都被辽国打败，最后金国灭亡了辽国。于是，北宋被迫向金国支付了更多的岁币，却仅换回了燕云六州以及燕京。更要命的是，北宋在战争中暴露了自己软弱的实力，因此不到6年就被昔日的盟友金国灭掉，北宋皇族3000多人受尽凌辱。宋徽宗赵佶本是一个追求完美的文艺天才，在书法和绘画上造诣很深，但他政治上的昏庸给北宋带来了悲惨结局。

历史是最好的教科书。从经济学角度讲，北宋兴盛和灭亡的故事给我们提供了哪些启迪呢？第一，契约非常重要。契约可以兴国，契约也可以亡国。第二，信息不对称很重要。北宋如果知道辽国的军事实力比自己强，就不会违背之前的契约；另一方面，北宋如果不是在对辽作战中暴露了自己软弱的实力，也不会那么快就被金国灭掉。第三，世界充满了各种不确定性，当事人在签订契约时无法预见到未来所有可能的情况，因此任何契约都是"不完全契约"。辽国没有想到东北部的金国异军突起，导致了原有的契约澶渊之盟被破坏。第四，维持契约的制度非常重要，否则每一方都有动力毁约。

尤其是国家之间的契约，一旦背信弃义，往往导致国家之间兵戎相见。

什么是契约理论？

我们知道经济学是研究人类行为的，而人与人之间所有的关系都可以看作是一种契约关系。用来分析契约关系的理论框架，就是契约理论。契约理论是20世纪70年代以来经济学的前沿领域。一般来说，衡量经济学成就的主要标志，就是诺贝尔经济学奖。在契约理论领域，迄今为止一共有13位经济学家获得了诺贝尔经济学奖。他们包括大名鼎鼎的斯蒂格利茨（Stiglitz）、科斯（Coase）、威廉姆森（Williamson）和哈特（Hart）。除了科斯，另外三个人都多次来过中国。如果说，经济学是社会科学的皇后，那么契约理论就是经济学的皇冠。接下来，我们将多次提到诺贝尔经济学奖得主的理论贡献。诺奖得主的经济学理论，就好比是通往经济学最高殿堂的明灯。因此，即便你完全没有学过经济学，你也能通过这些经济学的关键理论，从一个经济学"小白"变成经济学高级"票友"。

既然契约理论如此重要，那什么是契约理论呢？契约理论把所有的人与人之间的关系看作是一种契约关系，然后通过设计各种机制和制度，来解决契约失灵问题。所谓的契约失灵，就是契约因为违约、再谈判、敲竹杠等原因无法实施了。导致契约失灵的原因主要有两类。第一类是内部因素，即由于当事人之间的信息不对称导致契约无法履行。比如前面提到的海上之盟，因为北宋利用了信息不对称，偷偷和金国签订了另一份契约，导致北宋和辽国的契约作废了，而且引发了战争这种极端恶果。第二类原因是外部因素，即战争、自然灾害、流行病导致的各种风险和不确定性。比如说，新冠肺炎导致富士康没法正常开工，从而无法按原计划给苹果公司供货，这就是由于不确定性导致的契约失灵。

在真实世界中，几乎所有的契约都存在信息不对称问题。不夸张地说，人类80%的悲剧都源于信息不对称。因此，契约理论的主要任务是解决信息不对称问题，或者说帮助我们在信息不对称下做出最优决策。

何为信息不对称？

既然信息不对称这么重要，那么什么是信息不对称？它会带来哪些严重后果呢？

信息不对称是指一方拥有对方所不知道的信息。这里的"信息"范围很广，例如产品质量好坏、能力高低、人品好坏等隐蔽的类型，还包括当事人偷懒、做假账、腐败、合谋等隐蔽的行为。在契约关系中，所有的信息不对称可以分为以下三种类型：

第一类叫事前的信息不对称，是指双方建立契约关系之前，一方不知道另一方的真实类型。例如，买水果之前你不知道有没有打农药，买股票之前你不知道这家公司的真实财务状况，恋爱结婚前你不了解对方的人品如何。事前的信息不对称有时会导致好的东西反而竞争不过坏的东西,即"逆向选择"问题。例如,如果上市公司做假账粉饰自己的业绩,从而股价升高,就会导致更多的上市公司做假账,那么如实披露业绩的公司反而会股价下跌,甚至被迫退市。

第二类叫事后的信息不对称,是指双方建立契约关系之后,一方向另一方隐瞒自己的真实行为。例如,向你借钱的人可能去投资也可能去赌博,你雇佣的员工上班时间会偷懒或者干私活,你的几个同事可能合谋侵占公司的财产。事后的信息不对称是一种损人利己的行为,经济学上叫"道德风险"问题。

还有一种叫第三方信息不对称,就是双方当事人都知道的信息,但是没法向第三方证实。例如,你骑自行车时路过一个倒地的老太太,你知道没有撞倒她,老太太也知道,但是当时既没有摄像头,也没有人作证。如果老太太一口咬定就是你撞倒了她,你怎么办?又比如,你和别人签订了买卖合同,或者你到某个地方投资办厂,明明是对方违约了,但是你没有办法向作为第三方的法院证明,你怎么办?第三方信息不对称会导致所谓的"敲竹杠"问题,北京话叫"碰瓷",就是对方钻了你的空子,占了你的便宜,从而导致契约关系无法正常维持。

解决信息不对称的机制设计

信息不对称现象在现实中普遍存在,那么,如何解决契约中的信息不对称问题呢?

大多数时候，信息不对称是客观存在的，我们很难消除它。那么怎么办？经济学家认为，我们可以设计一种最优机制，让有信息优势的一方主动或者被动地披露他所掌握的私人信息。问题是，当事人为什么愿意披露信息呢？因为，在最优机制设计下，披露信息对他是有好处的，对另一方也是有好处的。这种将双方利益捆绑在一起的机制，就是所谓的"激励相容原理"。你可能会觉得经济学家未免异想天开了，那么，我们看一个故事吧。

第二次世界大战期间，美国空军降落伞的合格率为99.9%。听上去合格率已经很高了，但这就意味着，平均每一千个跳伞的士兵中，会有一个因为降落伞不合格而丧命。千分之一的死亡率虽然很低，但是对于那个倒霉的人来说，那就是100%。因此，军方要求厂家的合格率必须达到100%，但厂家负责人说他们竭尽全力了，99.9%已经是极限，除非出现奇迹。后来，美国的巴顿将军改变了产品检查制度。每次厂家交货前，巴顿从降落伞中随机挑出几个，让厂家负责人亲自跳伞检测。这项制度，把厂家负责人的生命和产品质量牢牢地拴在了一起。结果，奇迹出现了，降落伞的合格率达到了百分之百！这就是，一项巧妙的制度，因为搞对了激励，解决了信息不对称问题，就可以挽救很多宝贵的生命。

人与人之间的关系都是一种契约关系。契约不仅关乎个人成败，甚至关乎国家安危。但是任何一份契约都存在难以消除的信息不对称问题，包括事前的信息不对称、事后的信息不对称和第三方信息不对称。而本书的主要内容，就是帮助你建立一个契约理论的思维框架,在面对信息不对称时,做出最优决策。

思考题

生活中,你见过或者签过哪些契约是不完美的?你觉得这份契约存在着什么类型的信息不对称问题?

第二章

职场和管理的经济学分析

第4讲　信号发射

为什么上大学才能证明你自己？

为什么要上大学？

身处一个信息不对称的不完美世界，我们几乎无时无刻不在向外界证明自己。1973年，刚从哈佛大学毕业的经济学博士斯彭思（Spence），将自己的博士论文发表于国际顶级的《经济学季刊》(*QJE*)上。这篇文章后来成了信号发射模型的经典之作，斯彭思也因此获得了2001年的诺贝尔经济学奖。有趣的是，他当年在哈佛读博士时的导师托马斯·谢林（Thomas C. Schelling）在他之后才获得了诺贝尔经济学奖。学生比老师更早获得诺贝尔奖，这是非常罕见的。

这篇获得诺贝尔经济学奖的文章提出了一个看上去非常"无聊"的问题：我们为什么要去求学读书呢？

让我们考虑这样一种情境。你和你周围的小伙伴们都想去本地一家著名的互联网公司上班。这家公司需要很多聪明人,并且根据聪明程度来支付薪酬。现实生活中,谷歌、微软和华为就专门设立了这种"天才"岗位。当然了,聪明只是成功的因素之一,而不是唯一因素。你的小伙伴们有些很聪明,有些一般聪明,你们知道各自的聪明程度,但是公司在招聘你们之前并不知道。因此,你们和公司之间存在一种事前的信息不对称。显然,每个人都希望进公司拿高薪,但如何证明自己比别人更聪明呢?经过摸索之后,大家发现了一个好办法,就是去读书。一个人要想在学校考高分,必须有很好的记忆力、推理能力和计算能力,而且越是聪明的人学起来越轻松,越是不聪明的人学起来越吃力。读书需要投入时间和金钱,但读书本身并不会提高你的智商,因为智商往往是天生的。

当读书成为一种证明自己的信号时,你会怎么选择呢?这就说到做出最优选择的两种规则。

首先,你需要权衡读书的成本和收益。**成本—收益分析法就是经济学的独门秘籍**。读书的好处是,你证明了自己是一个聪明人,毕业后就可以到企业拿更高的薪酬。读书的成本是,你耽误了几年时间,还要交纳学费,而这几年去上班本来可以挣到一笔钱,这笔钱就是你读书的机会成本。同时,你还要考虑到读书的努力成本跟你的聪明程度有关。

其次,你需要考虑其他小伙伴和公司的策略。当公司把读书作为挑选员工的手段时,如果有很多自认为聪明的小伙伴都去读书了,那么自认为聪明的你,就需要比他们多读几年书,这样才能进一步将自己与他们区别开来。当聪明的小伙伴们都这么考虑时,博弈的结果就将是,读书的年份越来越长,比如从大学本科读到硕士,从硕士读到博士。在这个博弈过程中,直到有一部分最聪明的人终于成功地将自己与其他人区分出来,这场拼智商的游戏才会结束。

两种均衡

在这场读书博弈中,斯彭思教授推断,最终将形成两种均衡。第一种均衡叫"分离均衡"(separating equilibrium),就是不同类型的参与人通过发射不同的信号分离出来。很聪明的一群人先去读几年书,然后再进公司工作,并且在公司上班后直接获得较高薪水;而一般聪明的另一群人干脆不读书了,一开始就进公司工作,从而获得普通薪水。总之,不同聪明类型的人通过是否读书发射了不同的信号,可谓"大路朝天,各走一边"。

这里的关键问题是,大家都是通过读书来发射信号的时候,想要证明自己聪明的人,究竟要读几年书才够?这个问题的答案是,取决于群体的智商分布,以及相应的分离成本和收益。如果一个群体中大部分人智商一般,那么少数很聪明的人只要上大学就足以将自己与普通人区分开了。如果一个群体中多数人都比较聪明,那么极少数超级聪明的人(比如IQ超过140)为了和很聪明的人区别开来,他们必须读完博士;那些很聪明的人为了与一般聪明的人区别开来,他们必须读完硕士,以此类推,最后,不太聪明的人就没必要去读书了,因为他们没有必要浪费时间再去证明自己。因此,读书作为一种信号,实际上是一种连续变量,可以将两种乃至多种人区分出来。这也可以理解为,**能力强的人需要投入资源去主动证明自己,而能力差的人只能等着被别人证明**。

但分离均衡并非唯一的结果。如果有人发现,虽然花费了很高的代价去读书从而证明了自己的智商,但是多读书得到的高工资并不足以弥补读书的成本,此时他就会减少读书的时间,直到读书的收益刚好等于读书的成本。很有意思的是,斯彭思发现,存在这样一种临界点:当人们发现读书带来的好处和成本一样多时——也就是说,多读书并没有用,所有人都不再读书了,或者所有人都去读同样多的书(例如九年义务教育),然后宁愿被公司当作普通人支付普通薪水。这样的结果叫作"混同均衡"(polling equilibrium),即所有类型的求职者都发射同样的信号,公司在事后仍然无法区分求职者的真实类型,只好按平均类型和平均工资来对待了。

过度证明

极端情况下,如果这个社会人人都去读博士,那么读博士也就没有信号价值了,跟没读书是一样的。可见,发射信号并不总是有利可图的,有时发射信号不如没有信号。换句话说,有时没有必要去证明自己。

最有意思的是,有经济学家发现,如果一个群体里大多数人为了证明自己不同于极少数人，而投入大量资源去证明自己——比如都去读博士甚至做博士后，虽然信号发射会成功，但是从社会最优的角度讲，这可能导致了过度证明，浪费了宝贵的社会资源。好比两个公司打价格战，不管谁最后赢了，其实两个公司都输了，因为赢了的企业也赚不到利润，最后必然都倒闭了。这其实是一种"囚徒困境"。因此，**一个有效率的制度安排，应该避免每个人过度证明自己**。就像孔子的，过犹不及。

那么，如何避免参与人过度证明从而导致资源浪费呢？我们来看这样一个案例。数年前，中国有两家主要的网约车公司：一家叫"滴滴"，另一家叫"快的"。无论是消费者还是网约车司机，都希望选择实力强的一家。但是当时的市场形势并不明朗，对于大家来说，两家网约车公司的实力强弱都是不对称信息。于是，为了证明自己更有实力、资金更充足、市场规模更大，滴滴和快的发起了一轮又一轮的价格战，开始了长达几年的"烧钱"游戏。两家公司采取各种政策补贴消费者和司机。在最极端的情况下，有人甚至只花1分钱就可以打车，但是这样的情况没有持续太久。

2015年2月14日，在情人节那天，两家企业宣布合并为一家企业，名称就叫滴滴。为什么两家水火不容的企业突然就合并了呢？2015年，腾讯创始人马化腾在香港大学的演讲透露了背后的秘密。马化腾说，我支持滴滴，马云支持快的。我们就像打仗，一天大概亏损2000万，再到3000万，我们最高一天亏4000万。谁也不敢收手，一收手就前功尽弃了。最后我跟马云沟通，在很多资本方的撮合下合并了。

对于企业来说，价格战就是一个发射信号的囚徒困境。如果不敢打价格战，企业就会被市场认为是弱者，从而面临被淘汰的命运。但是打价格战又是一种双输的结果，这就是过度发射信号。

其实，日本企业早在20世纪50年代就认识到，企业之间打价格战是"自杀式竞争"。为了避免过度发射信号，他们采取了三种方式。第一，鼓励企业之间交叉持股，形成"你中有我，我中有你"的利益格局。第二，鼓励企业之间在不同领域加强合作，避免同质化竞争。第三，鼓励企业抱团"走出去"，一起去占领海外市场。日本企业的做法值得我们借鉴。

在信息不对称下，参与人可以通过发射信号，向别人证明自己的真实类型。除了读书，大家去考取各种证书，企业参与社会慈善活动，以及企业家担任一些社会荣誉职务，都属于发射信号。总之，只要你能做别人不容易做的事情，你和别人就区分开来了，这就是分离均衡。

但是发射信号是需要成本的，如果发射信号的成本和区分之后的收益是差不多的，那么所有人都会选择同一种信号或者干脆都不发射信号，这就是混同均衡。在极端的情况下，人们可能会过度发射信号，这会导致资源浪费。

思考题

请用信号发射理论分析职场中的"拍马屁"现象，并分析在什么情况下会形成分离均衡，什么情况下会形成混同均衡。

第5讲　动态道德风险

刚工作时该不该好好表现?

刚参加工作时,长辈往往这样告诫我们:孩子,一定要努力,好好表现,给领导留下个好印象。虽然长辈的出发点是好的,但是这样的建议未必是合适的,甚至可能适得其反。哈佛大学教授马丁·魏茨曼(Martin Weitzman)把这种现象称为"棘轮效应"。"棘轮效应"是什么意思,为什么努力反而不好呢?

努力的员工会累死

在多数情况下,老板看不到每一个员工的工作过程,因此老板和员工之间存在一种信息不对称。在信息不对称的前提下,员工可能会偷懒、磨洋工或者推卸责任,这就是典型的道德风险问题。一种办法是,为了防止员工偷懒,老板决定采取一种"层层加码"的方式给员工安排任务，就是员工每一期的任务都比上一期要多。

比方说，小王在医药公司做销售，老板给他确定的第一个月销售任务是 10 万元，小王不想让老板失望，努力地完成了 12 万元的销售额，也就是说超额完成 20%。老板一看，小伙子，你挺能干啊，我得给你加加担子。于是，小王第二个月的销售任务就从原先的 10 万元变成了 11 万元。如果小王继续加油，在第二个月仍然超额完成 20%，那么第三个月的销售任务就变成了 12.1 万元。你可别以为每次只是增加一点点，但是架不住不断增加。按照这个速度增加下去，一年后小王的月销售任务将超过 34 万元，三年后月销售任务将超过 337 万元，比第一个月的目标任务多 33 倍！总之，小王越是能干，老板布置的任务就越多，小王就越需要额外努力，这就是一种棘轮效应。如果我们把老板和员工之间的多期关系看作是一种重复博弈，魏茨曼教授证明：目标任务对上一期的产销量依赖性越大，或者博弈重复的期数越多，那么棘轮效应就越明显。也就是说，如果员工每个月都超额完成任务，哪怕超额完成一点点，只要时间足够长，他实际上要完成的任务就会变成无穷大。小王可能从来没想到，自己努力工作，居然给自己挖了一个天大的坑。

动态视角看到世界的另一面

为什么会出现这种意料之外的结果呢？因为，传统观点只是从静态或者短期的角度看问题，但是从动态或者长期的角度讲，如果你一开始就用尽全力，让领导认为你能力很强，领导就会不断给你增加任务，直到有一天你不堪重负。到那时，领导又会认为你骄傲自满、能力不行、难堪重用。棘轮效应说明，一旦引入了动态视角，很多静态的结论都不成立了。传统经济学解释不了这些现象，但契约理论为你提供了看待世界的另一种方式。所以我们要注意，学经济学时，一定要注意前提条件，否则学得越多，可能错得越多。

棘轮是一种单向旋转的齿轮，只能往上，不能往下，这样就可以把东西固定住。哈佛大学教授魏茨曼借用这个比喻，来分析动态条件下的道德风险问题，促使我们从长期的角度考虑激励机制。因为棘轮效应以及能源经济学方面的突出贡献，魏茨曼被认为是诺贝尔经济学奖的有力竞争者。遗憾的是，魏茨曼在2019年8月突然去世了，享年77岁。

棘轮效应广泛存在

其实，棘轮效应是一种广泛存在的刚性现象。企业生产有棘轮效应，个人消费也有棘轮效应。一个人的消费水平一旦形成了习惯，就算收入水平降下来了，消费水平也未必能降下来。正如古代文人司马光说的："由俭入奢易，由奢入俭难。"不要小看消费的棘轮效应，轻则负债累累，重则祸国殃民。

我给大家讲一个《韩非子》里面的故事。商朝是中国历史上第一个有文字记载的王朝，但很多人可能不相信商朝的灭亡始于一双象牙筷子。有一天，商纣王命人做了一双漂亮的象牙筷子，然后兴高采烈地用象牙筷子吃饭。他的叔父箕子见了，从此忧心忡忡。有个大臣问他为什么不高兴，箕子说："纣王有了象牙做的筷子，就不会再用土制的瓦罐盛汤装饭，肯定要用犀牛角做的杯子和美玉做的饭碗；有了象牙筷、犀牛角杯和美玉碗，就不会再吃粗茶淡饭了，肯定要吃山珍海味了；吃的是山珍海味，穿的就要绫罗绸缎，住的就要高楼大厦，就要大兴土木了。这样下去，天下的财富都要耗尽了。"商纣王的骄奢淫逸引发了武王伐纣，5年之后商朝就灭亡了，箕子的预言果真应验了。

棘轮效应导致的负面效果

回到职场的话题。我们已经知道了棘轮效应，那么作为一名新员工，你能做什么呢？在这里我有两点忠告。第一，开始工作时不要拼尽全力。因为起点越低，进步的空间越大；起点越高，进步的空间越小。当然了，你也不能把起点设得太低，低到让老板一眼看出你不行。第二，进步的速度不要太快。魏茨曼证明，随着工龄的增加，员工前期的业绩绝对值会变得越来越大，所以后期进步的压力也会越来越大。于是，工龄越长的员工，越是磨洋工，越是会偷懒。因此，**棘轮效应给职场菜鸟的启示是**：一些短期来看值得鼓励的行为（例如"996"加班、超额完成任务），从长期来看反而是不利的。

棘轮效应导致员工不敢全力以赴地努力，这显然对老板不利。

那么作为老板，怎么才能既让员工更加努力，又让员工没有"层层加码"的担忧呢？经济学家也总结了四种办法。如果你是老板，总有一款适合你。

减轻棘轮效应的制度设计

第一种减轻棘轮效应的办法是，实行相对绩效评估。棘轮效应产生的基础，是老板将员工的考核目标建立在过去的绩效上。所以，如果员工的考核目标不再以过去的业绩为基础，棘轮效应自然就消失了。英国牛津大学的两位经济学家梅耶（Margaret Meyer）和威克斯（John Vickers）提出，如果一个单位的业绩能够找到外部同行的业绩作为参照组，那么老板可以对员工实行"相对绩效考核"。这里的"相对"，是跟同行业类似单位进行比较。例如，一家财经类出版社的策划编辑，其业务考核目标可以对标同行业优秀出版社的策划编辑。如果这个编辑的业务量达到行业均值，就算合格；超出行业均值较多，就算优秀。然后根据合格和优秀分别确定不同金额的年终奖励。由于员工的考核目标与外部同行关联，与自己过去的业绩没有直接关系，因此员工不必担心自己过去做得越好，老板定的考核目标就会越高。这样一来，从"自己跟自己比"就变成了"自己跟同行比"，棘轮效应就被竞争效应取代了。

第二种办法是，老板在员工入职时就制定一份职业成长路径图。比如，一个图书策划编辑从入职第一年到第五年每年要策划多少个选题，出多少本书。达到每个阶段的考核目标，就自动升职，比如从初级编辑升为中级编辑，然后升为高级编辑，并且享受相应的工资待遇。有了这样一套事前说好的动态激励机制，员工越是努力，就越是可能提前完成考核任务，然后提前升职，因此这对员工和老板来说是一种"双赢"的结果。但前提是，老板不能看到员工业绩提升很快，然后中途单方面修改考核目标，这就违背了事前的契约，又会导致棘轮效应。

第三种办法是，是内部轮岗。减少棘轮效应的关键，就是老板承诺不利用员工的业绩信息。对于大企业来说，轮岗可以让员工避免"自己跟自己比"。比如，员工小李在销售部门干了一年，每个季度都超额完成任务，然后调到广告部去干一年，之后再调到投资部去轮岗。轮岗之后，新的岗位和原来的岗位性质不同，要求也不同，因此两者没有可比性。这样的话，老板就无法利用员工原来的成绩，通过层层加码对员工榨干用尽。因此，轮岗不仅可以让员工对不同的工作保持一定的新鲜感，还可以避免过度压榨员工。

第四种办法是日本企业的年功序列制。所谓年功序列制，就是员工的工资主要取决于在本企业工作的年限，而不是绩效，这有点像论资排辈。我在日本访问时曾了解到，一位30岁毕业的员工，每个月工资大概是30万日元（相当于人民币2万元），40岁的员工工资大概是40万日元。因为工资主要与工龄挂钩，与自己前期的业绩不是高度相关，这样员工就不必担心被"层层加码"了。但是，也有人会问，那这样员工会不会偷懒呢？未必。虽然工资伴随工龄增长，但是一旦员工离职或者被解雇,再就业时工资就可能回到起点,所以偷懒的机会成本很高。在年功序列制下,员工对企业的忠诚度很高,这正是日本企业的传统优势之一。

在动态条件下,老板会利用员工前期的业绩信息,在考核时层层加码,这会导致棘轮效应。为了减轻棘轮效应,老板可以引入相对绩效评估以及帮助员工制定长期规划,大企业还可以考虑实行内部轮岗,以及将工资与工龄适当挂钩。对于职场新人来说,请记住一句告诫:"吃饭七分饱,干活八分力。"套用一句古话来说:路遥知马力,日久见人心;若为长远顾,何必一时拼?

思考题

请结合自己的经验,思考你们单位在业绩考核时,是否存在棘轮效应,如何消除棘轮效应?

第6讲　考核难题

为什么领导都喜欢"马屁精"？

一说到"拍马屁"，很多人都本能地比较反感。但是大家是否想过：为什么职场上总有那么多马屁精？为什么领导偏偏都喜欢马屁精？下面，我就从契约理论的角度来给大家解答这两个问题。

客观绩效考核的局限

在任何一个组织中，老板和员工、上级和下级之间都存在一定程度的信息不对称。老板不可能24小时监督员工的行为，员工可能会偷懒、开小差或者浑水摸鱼，这就是经济学上所谓的道德风险问题。为了解决道德风险问题，老板会制定KPI（关键绩效指标），根据业绩考核结果来发钱。员工的业绩越好，奖金越高，员工偷懒的可能性就越低。那怎么考核业绩的好坏呢？大多数时候，考核指标是产出、销售额、利润这些客观指标,我们把这种考核体系称为客观绩效考核。

但是,经济学家很早就发现,客观绩效考核并非完美。1993年,芝加哥大学经济学教授普伦德加斯特(Canice Prendergast)在世界顶级期刊《美国经济学评论》(AER)上发表了一篇论文,指出客观绩效考核存在三个问题。

第一,有些业绩难以量化。例如,一个行政秘书的主要工作是端茶倒水、接电话和订机票,怎么量化呢?事实上,所有的行政部门、服务部门,他们的工作都很重要,但是都无法跟产出直接挂钩,也就无法使用客观绩效考核。

第二,有些业绩指标存在干扰因素。现实中,一项业绩的取得往往是多个因素共同起作用的结果,不能简单地把业绩都归于某个部门。比如一个房地产公司的销售团队,一个月卖出了100套房子,看上去业绩很好。但是,这个业绩中,有多少来自广告团队的贡献?有多少来自财务部门的配合?有多少来自国家调控的作用?恐怕说不清楚。在这种情况下,重奖销售团队,那要不要重奖广告团队呢?如果广告团队要奖励,那么财务呢?销售业绩增长本来是一件好事,但是如果奖励不当,就会引起内讧,好事反而变成坏事了。

第三,有些业绩指标存在滞后性。员工每个月的工资取决于考核结果,而有些业绩短期内难以表现出来,但是员工每个月的工资却不能不发,这就出现了矛盾。以药品为例。全球药品生产企业研发一种新药,平均需要7年。但是,制药公司不能等7年之后再来给员工发工资,所以完全依赖客观绩效考核显然不现实。

主观考核催生马屁精

既然客观绩效考核有时不可行,而没有考核又绝对不可行。那么怎么办呢?此时就必须使用一些主观绩效考核。所谓主观绩效考核,就是由考核者对被考核对象进行主观评价,包括打分、排序或者分级。最常见的主观绩效考核包括两个部分:一个部分是上司对下属的业绩打分,通常权重为60%;另一个部分是同事之间相互打分,或者业务部门给行政部门打分,通常权重为40%。当上司对下属的评价基本上决定了下属的绩效和奖金时,下属会怎么做呢?下属肯定会"揣摩上意",说领导想听的话,做领导让做的事。总之,"领导的标准就是自己的标准,领导的看法就是自己的看法"。由此可见,**正因为客观绩效考核存在不足,才需要主观绩效考核,而正因为有主观绩效考核,才会导致马屁精的出现**。理解了业绩考核的逻辑,我们就会理解,职场上马屁精的出现是必然的,是制度惹的祸。如果我们真的讨厌马屁精,光是道德批判是不够的,关键是从制度上堵住漏洞。

那么哪些岗位上的人更容易成为马屁精呢?前面的分析说明,在绩效考核中,主观评价的权重越高,上司的影响力就越大,那么下属就越可能对上司拍马屁。相对而言,在一个组织里,业务部门的业绩是最容易考核的,看销售额或利润就行,而非业务部门是最不容易考核的。因此,一个合理的推测是,业务部门的人更有可能靠业绩说话,而非业务部门的人更有可能拍马屁。

马屁精的价值

那么,马屁精真的一无是处吗?芝加哥大学教授普伦德加斯特认为,马屁精还是有用的,关键是看领导怎么用。这就好比一把菜刀,它本身是中性的,可以用来切菜,也可以用来行凶。**高明的领导,善于用制度来驾驭人性,而不是纵容人性的弱点。**

既然主观绩效考核容易产生错误,让很多人不踏实干活,把心思全用来向领导献媚,那是不是就应该通过制度的完善,为所有员工都尽量设定客观的绩效考核标准呢?

也不一定,除了前面提到的客观考核的三个问题,真实世界中的信息不对称也会导致客观标准失效。因为除了个体的努力,工作结果还会受到很多因素的影响,员工的业绩与努力水平很多情况下并不能一一对应。比如,在淡季时餐馆的生意不好,服务员可以偷懒,并把顾客的减少归咎于外部因素;在节假日旺季时,生意很好,服务员还是可以偷懒,因为反正客流量很大,无论是否努力业绩都会不错。这时候,如果引入主观考核,比如领班或店长根据自己的观察给服务员的态度和表现打分,就能避免服务员偷懒或者甩锅。哪怕服务员为了讨好领导而拼命表现甚至拍马屁,可能评价结果依然比只看客观指标更符合实际情况。

其实,无论是主观绩效考核,还是客观绩效考核,都各有利弊。在主观绩效考核下,为了获得领导的好感,员工必须努力去收集信息或者做出业绩,来证明领导的判断是对的。因此,在信息不对称的条件下，主观绩效考核能够激发员工付出努力，减少偷懒。如果领导的判断是对的，那么讨好领导对提高团队的整体利益是有帮助的，这也是马屁精在组织中的正面作用。

主观绩效考核有助于激励员工努力，但可能听不到真话；客观绩效考核有助于员工说真话，但可能会偷懒。

领导该怎么抉择

如果你是一个组织的领导或者老板，你应该怎么办呢？请记住这个规则：两害相权取其轻，两利相权取其重。对于组织来说，如果引导员工努力比引导员工说真话更重要，那么就应该多用主观绩效考核，此时要允许马屁精发挥一些正面作用；反之，如果获取真实信息比引导员工努力更重要，就应该多用客观绩效考核，马屁精自然就少了。由于组织的需要往往与组织所处的发展阶段有关，因此高明的领导应该根据组织发展的不同阶段，来确定对马屁精的使用程度。

前几年有一本流行的官场小说，叫《二号首长》。江南省委书记赵德良从中央空降到江南省，孤身一人，因此初期以隐忍为主，对很多事情引而不发，属于磨合阶段。在这一阶段，赵德良最需要的是掌握各种信息，而不是急于做事。因此，他前两年几乎没有提拔干部。不动干部，自然就没人跑官，马屁精也就没有了市场。两年后，赵德良通过掌握的情报，抓住了对手的软肋，巩固了自己的权力。

此时，赵德良在江南省的事业进入了发力阶段，对真实情况比较了解，更需要下属帮他干出政绩。于是，他默许下属对他大唱赞歌，也容忍了各种拍马屁行为。此时的赵德良，似乎从一个兼听则明的人变成了一个偏听偏信的人，连书中的主人公、他的秘书唐小舟都觉得难以理解。但学习了本讲内容以后，赵德良的行为就一点都不难理解了。

在信息不对称条件下，主观绩效考核有助于激励员工努力，但会产生马屁精，可能听不到真话；客观绩效考核有助于员工说真话，但可能会导致偷懒。因此，领导必须根据组织发展的不同阶段，制定合适的考核制度，限制马屁精的负面作用。

思考题

有人认为，再坏的规则胜过没有规则。虽然客观绩效考核有很多漏洞，但主观绩效考核完全没有规则，因此客观绩效考核总是比主观绩效考核更好。你同意这种观点吗？

第7讲　薪酬契约

凭什么CEO赚得那么多？

谁是最赚钱的CEO？

大家知道全世界薪酬最高的人是谁吗？是特斯拉公司CEO（首席执行官）、"钢铁侠"埃隆·马斯克（Elon Musk）。2018年，他的薪酬是22.84亿美元，相当于152亿元人民币。152亿元是什么概念呢？它超过了中部地区一个县全年的财政收入。根据国家统计局2018年的数据，中国城镇职工年平均工资为8.2万元。这意味着马斯克一个人的工资相当于18万人的工资。大家一定很想知道，马斯克凭什么赚那么多？下面，我们就从契约理论的角度来分析一下CEO的报酬是怎么决定的。在将来你去创业当老板时，要知道怎么给自己和高管定工资。

现代大型公司的一个基本特点是，所有权和控制权分离。股东拥有企业的所有权，他们的目标是最大化股东利益。管理层拥有公司的实际控制权，他们未必追求股东利益最大化，可能会追求各种私人利益，包括在职消费、优厚待遇以及关联交易。比如，公司的 CEO 用公司的钱，给自己买公务飞机，每天住五星级酒店，或者购买年费高达几十万元的高尔夫俱乐部会员资格。但这些追求私人利益的行为，会损害股东的利益。在 1976 年的一篇经典论文中，哈佛大学教授詹森（Michael Jensen）与合作者麦克林（William Meckling），将所有权和控制权分离造成的股东利益损失称为"代理成本"。它实际上是老板和管理层之间信息不对称导致的一种效率损失。

公司的大股东通常不在企业上班，只是开董事会时了解企业的重大决策，因此无法观察到管理层的日常行为。在这种事后的信息不对称下，管理层会出现偷懒、追求享乐、贪污或挪用公司财产的行为，这些行为统称为道德风险问题。为了减少道德风险问题，老板必须为管理层提供一份激励性契约，让管理层的薪酬与公司价值高度相关。契约理论将这种机制称为"激励相容"，说白了就是让老板和管理层实现利益捆绑。美国"百年老店"通用电气公司前 CEO 杰克·韦尔奇（Jack Welch）说过，股票就是通用电气唯一的钞票。因此，CEO 的主要薪酬（包括年薪和奖金），通常与公司的股票价值成正比。在这种薪酬与股价捆绑的激励契约下，CEO 越努力工作，公司股价就越高，股东权益就越大，CEO 的报酬也就越高。这正是契约理论所要的结果。

作为全球风头最劲的新能源汽车企业，特斯拉 2018 的市值是 460 亿美元。如果董事会规定，CEO 的年薪是市值的 10%，那么马斯克一年就可以拿到 46 亿美元。马斯克 2018 年的薪酬 22 亿美元的确很高，但还不到特斯拉市值的 5%。因此，虽然马斯克拿了天价薪酬，但是看上去也蛮合理。

CEO靠能力还是运气？

但是 CEO 的薪酬真的是百分之百靠能力赚取的吗？在这里，**我要告诉大家一种"慧眼识理论"的技巧：如果一个理论是正确的，那么就不应该存在反例**。比如说，如果有人认为所有的天鹅都是白的，那么你只要找到一只黑天鹅，他的观点就被推翻了。科学上把这种方法称为"证伪"，就是证明对方是错的。因此，验证一个理论其实很简单，就是不断地寻找"黑天鹅"。

如果契约理论是对的，即 CEO 的薪酬完全反映了个人的努力水平（或者能力），那么薪酬就应该与其他因素无关。在其他因素中，我们最容易想到的是"运气"，因为中国人相信"时势造英雄"。对于 CEO 来说，"运气"是指那些超出 CEO 控制并导致企业绩效变化的因素，比如宏观经济波动和战争。CEO 的能力会影响业绩从而影响薪酬，这是毫无疑问的，没人怀疑这点。因此，CEO 的天价薪酬究竟完全取决于努力还是与运气有关，只需要检验一下运气是否影响薪酬就知道了。

有意思的是，来自"诺贝尔经济学奖的摇篮"、世界顶级名校芝加哥大学的两位教授，伯川德（Marianne Bertrand）和穆莱纳桑（Sendhil Mullainathan）专门研究了CEO的报酬是不是跟运气有关，并且于2001年在《经济学季刊》上发表了研究论文。下面，我就介绍一下这篇文章的主要内容，让你明白经济学家是如何像一个侦探一样去发掘真相。

如何度量运气？

要研究运气对CEO薪酬的影响，首先碰到的难题是，如何度量"运气"这种看不见、摸不着的东西呢？两位芝加哥大学的教授用了三种度量方法，第一种是石油价格。全世界的石油供应主要来自中东和俄罗斯等几个国家，而且在过去几十年里价格波动非常剧烈，因此石油价格不是某个公司的CEO所能控制的，而是完全外生的"运气"。受到石油价格影响的主要是两类企业，第一类是从事石油勘探、开采和提炼的原油生产企业和技术装备提供企业，第二类是生产石油替代品的企业，主要是新能源企业。

找到了运气的度量指标，接下来就是看石油价格是否会影响与石油相关行业的CEO薪酬。两位芝加哥大学教授收集了1977—1994年（一共18年）的石油相关行业数据，采取计量经济学方法发现了一个有意思的结论：石油价格上涨会显著地影响CEO的薪酬。大致来说，石油价格每上涨1%，相关企业的CEO薪酬会上涨2.15%。

这说明运气的确会影响 CEO 的薪酬。当然，相关企业也没吃亏。石油价格每上涨 1%，相关企业的股东权益会增加 0.8%。

用石油价格来度量运气的方法非常巧妙，而且很直观，但是与石油相关的上下游企业毕竟较少。为了找到更广泛的证据，两位芝加哥教授又采取了度量运气的第二个指标汇率波动，以及第三个指标行业平均绩效。这两个指标不是企业可以操纵的，而且与所有企业的外部环境都相关。不管是用哪个指标度量运气，他们都发现了一个非常稳健的结论：运气越好，CEO 的薪酬越高。

此时，你可能会问：好的运气给 CEO 带来了更高的报酬，那么坏的运气是不是降低了 CEO 的报酬呢？有意思的是，另外两位学者的论文发现，好的运气和坏的运气对 CEO 薪酬的影响是不对称的。运气好时，CEO 薪酬增加的幅度比较大，而运气坏时薪酬减少的幅度比较小，两者差别高达 25%—45%。

CEO的薪酬是谁定的？

如果说 CEO 的天价薪酬不仅取决于努力，而且与运气有关，这一点我们可以接受。但令我们难以接受的是，原来 CEO 的天价薪酬主要与好运气有关，而坏运气带来的负面影响却很小。这不仅不公平，恐怕也没有效率。一方面，根据契约理论，管理层的薪酬应该主要与努力有关。如果与运气有关，而运气又无法掌控，那么这必然导致 CEO 的投机行为。毕竟，如果运气那么重要，还要努力干什么呢？

另一方面，运气坏时公司价值会受损，但是 CEO 薪酬降低的幅度却偏低，这难以对 CEO 起到应有的惩罚作用。那么关键问题是，追求利润最大化的公司股东，为什么不通过完善激励契约来减少投机行为呢？

前面提到的两位芝加哥大学教授为此提出了一个解释。他们认为，为 CEO 设计的薪酬契约，并非完全由股东决定，而是由董事会决定。CEO 作为董事会的主要成员，在决定薪酬机制时拥有主导权力。换句话说，CEO 其实是自己给自己制定薪酬方案，然后通过董事会的批准变成现实。他们这个观点被称为"揩油理论"（skimming model），就是 CEO 利用职权占了公司的便宜。

"揩油理论"听上去很有道理，但如何验证呢？这是我们讨论的最后一个问题。芝加哥大学教授果然不同凡响，他们推测：如果揩油理论成立的话，那些公司治理水平较好的企业，就会出现更少的 CEO 揩油现象。背后的逻辑是：公司治理机制主要是保护股东利益的。因此，公司治理机制越好，CEO "揩油"的难度就越大，从而运气对 CEO 薪酬的影响就越小。

那么怎么度量一个公司的治理机制更好呢？一般来说，公司董事会里大股东的人数越多，投票表决时对大股东就越有利，就越是能够制约 CEO。然后他们运用上市公司的数据进行检验并发现：董事会里大股东比例越高的企业，运气对 CEO 薪酬的影响确实越小；相反，大股东比例越低的企业，运气对 CEO 薪酬的影响越大。因此，揩油理论被证明是对的，CEO 利用制定薪酬方案的权力，为自己谋取了私人利益，占了公司的便宜；相反，契约理论虽然注意到了 CEO 努力水平对薪酬的影响，但却忽视了运气对 CEO 薪酬的影响，也忽视了 CEO 对薪酬契约制定过程的影响。

经济学家剖析问题的过程跟侦探是一样的：先是大胆假设，然后小心求证。当我们利用契约理论框架分析 CEO 薪酬时，除了重点考虑 CEO 的努力水平和业绩，还要高度重视运气的作用。实际上，所有的经济学理论都是不完美的，因此才需要不断地完善。了解一个理论本身并不难，难的是了解每个理论的边界，并且在运用理论时绝不越界。

影响 CEO 薪酬的因素，除了努力，还有运气。对于 CEO 来说，"努力和运气，一个都不能少"。但是对于公司的大股东来说，为 CEO 的好运气支付报酬则不够划算，关键是完善公司治理机制，例如通过董事会成员的安排保护股东的利益。一个好的制度，应该让人更努力，而不是更靠运气。

思考题

如果你是一个企业的大股东，你如何设计公司治理机制来防止 CEO 给自己制定过高的薪酬呢？

第8讲 公司治理I

企业家和资本家谁更应该控制企业？

悲情英雄王志东

在今天这个"大众创业、万众创新"的时代，创业成为一种很酷的选择。我有不少学生，毕业后就创业了。假设你大学毕业后，工作了几年，基本了解了职场规则和企业管理，也想创业当老板了。我要恭喜你，也很佩服你——毕竟全社会只有大约2%的人能够当老板。企业起步之后，为了加快发展，通常需要加大投资，于是很多创业者会去找天使投资者或者风险投资者。但天使投资者不是真的"天使"，他们是资本家，他们既然给你投钱了，就要获得相应的控制权或者控股权。本来呢，作为创业者，你既是企业的所有者（老板），又是企业的管理者。现在，天使投资进来了，而且它投的钱比你多，它要求占大股，拿走控制权，你同意还是不同意呢？

于是，在这个企业发展的关键时期，你将和所有的创业者一样，面临一个共同的难题：一个有创意但缺钱的企业家，和一个有钱但缺创意的资本家，谁应该拥有企业的控制权？很多人创业失败，或者创业合伙人分道扬镳，都是因为没有解决企业家和资本家的控制权分配问题。因为控制权之争，一些创业者甚至被迫"净身出户"。这方面的经典教训，就是王志东。很多读者未必知道王志东，但肯定知道新浪网。1998年，王志东参与创办新浪网，并担任总裁兼CEO。但是仅仅三年之后，新浪董事会就宣布解除王志东的全部职务，并将其股份回购。当年，王志东"下课"事件，引发了关于"创业英雄 vs. 资本意志"的热烈讨论。

在讨论中，一些人认为新浪董事会做得对。理由是，企业的目标是最大化股东价值，而新浪董事会就代表股东利益，因此新浪董事会应该说了算。也就是说，由资本家控制企业是最优的。但是，另一些人表示反对。他们认为，这种典型的股东至上主义可能适合成熟的工业企业，却未必适合新浪这种创业型企业。对于当时的新浪来说，王志东作为企业家的人力资本、冒险精神和领导风格几乎决定了企业的生死存亡。如果一开始就只考虑新浪董事会的利益，而忽视王志东的特殊贡献，新浪很可能根本就不会成为中国第一门户网站。因此，对于创业型企业来说，应该由企业家控制企业。

世上没有完全契约

既然资本家控制公司和企业家控制公司各有各的道理，那为什么双方不签订一份关于控制权分配的契约呢？比如，新浪董事会和王志东在合同中详细地规定，什么事情由董事会说了算，什么事情由王志东说了算，这样既可以保护股东利益，又能充分发挥王志东作为企业家的特殊才干，不是很完美吗？遗憾的是，世界上没有这样的"完全契约"。

第一，一个像新浪这样的创业型企业，当年就像一张白纸，公司战略、组织架构以及融资策略这些关键事务都充满了变数。因此，无论是董事会还是王志东，都不可能在新浪刚创办或者第一轮融资时，就预料到未来的全部情况。毕竟，人是有限理性的，不是完全理性的，没有办法预测到全部不确定性。

第二，即便新浪董事会和王志东可以在公司章程中对一些"重大决策"分配控制权，这样的条款也是不可证实的。比如，什么事情属于"重大决策"，发行新股算不算重大决策，裁员算不算重大决策？恐怕说不清楚。而且，从事天使投资或者风险投资的资本家，通常对企业的具体业务并不熟悉，也没法参与日常决策和管理。

因此，资本家和企业家之间的契约一定是一份"不完全契约"，即契约无法规定所有可能情况下的权利和义务，而只能规定基本框架，然后将细节留待以后谈判。从终极意义上讲，世界上所有的契约都是不完全契约，因为当事人没有办法完全预测到未来的各种可能性，也没有办法在契约中万无一失地描述各种可能性。因此，不完全契约才是真实世界的常态。

看起来，资本家和企业家谁应该拥有控制权的问题，变成了"公说公有理，婆说婆有理"。在此，我有一句告诫，希望大家记下：**究竟谁有理，关键看逻辑；逻辑要自洽，关键是框架**。为了解决企业的最优控制权分配难题，哈佛大学经济学家阿庚（Philippe Aghion）和哥伦比亚大学教授博尔顿（Patrick Bolton），从不完全契约理论的框架出发，提出了一个关于企业最优控制权分配的理论，从而为创业者完善公司治理机制和保护自身利益提供了解决方案。

他们首先指出，一个企业家和资本家之间的契约是一份不完全契约。这份契约主要规定控制权的分配方案，不包括企业管理的具体细节。这里的控制权体现为谁占大股或者谁拥有决定性的投票权。其次，他们假设企业家和资本家有不同的偏好和目标。企业家既在乎货币收益，也在乎人力资本收益，人力资本收益包括企业经营过程中积累的人脉、经验和教训。退一步说，即便创业失败、公司倒闭了，企业家仍然能得到宝贵的人力资本。因此业内有一句话说，"只有失败的组织，没有失败的个人"。正因为失败了也不会一无所有，所以企业家比资本家更爱冒险，看问题更乐观。与企业家的偏好不同，资本家只在乎货币收益。他希望尽快将投资收益变现，然后再去寻找下一个投资机会。正因为资本家只看重短期的货币回报，所以资本家比企业家更保守，看问题更悲观。

最优的制度是相机治理

两位经济学家认为,既然企业家和资本家控制企业各有利弊,那么既不能总是让企业家控制企业,也不能总是让资本家控制企业,最优的控制权安排是一种"相机治理机制"(contingent control)。所谓相机治理,就是当企业家的个人利益和企业价值正相关时,由企业家拥有企业的控制权;而当资本家的个人利益和企业价值正相关时,由资本家拥有企业的控制权。说白了,就是谁控制企业最有利,就让谁控制。这样的制度安排既能吸收两者的好处,又能避免两者的坏处。

那么,在现实中如何实现相机治理呢?有两种办法。第一种办法就是债务契约,也就是资本家对企业的投入体现为一种债权。比如,一个企业家从资本家那里借了100万元创办企业,这是一笔债务,不是股权投资。因此,只要债务没有到期,并且企业正常经营,资本家作为债权人就无权干预企业的日常经营,企业家对企业拥有控制权。既然企业正常经营,说明企业家的利益与企业价值是一致的。因此在这个阶段,企业家控制企业是最优的。但是,一旦企业陷入了财务危机,就不能再让企业家拿别人的钱去继续冒险了。为了及时止损,此时应该由资本家以债权人的身份接管企业,即资本家控制是最优的。也就是说,在企业出现经营困难时,企业的控制权应该从企业家手中转移到债权人手中。

双重股权制度

但是，很多资本家或者风险投资机构之所以对创业型企业进行投资，就是看重了创业型企业的成长潜力，希望以股东的身份获得利润分红。按照"一股一票"制度，谁出的钱多，谁占大股，谁就获得控制权，谁就说了算。那么，如果资本家坚持要以股权而不是债权的形式进入企业，此时如何确保企业家控制权呢？要知道，创业企业家往往资金有限，而资本家往往财力雄厚，除了企业家以人力资本入股，还有什么办法能保障出钱少的企业家，在企业正常运营时实现对企业的控制权呢？

显然，传统的"一股一票"制度是行不通的，为此资本市场专门设计了一种"同股不同权"的特殊制度——AB股制度，这就是我们要介绍的实现相机治理的第二种办法。普通股东的股票是A股，企业家及其创业团队的股票是B股，B股的投票权是A股的几倍乃至几十倍。形象地说，B股的一股顶一万股。以在美国上市的京东集团为例。虽然京东的最大股东是腾讯公司，但是拥有投票权最多的股东却是创始人刘强东。因此，京东的主要控制人就是刘强东，而不是大股东腾讯。类似的，阿里巴巴集团实行的合伙人制度，也是一种AB股制度，它确保了马云及其合伙人团队始终是企业的实际控制人，而最大的股东软银集团只不过是最大的财务投资者而已，后者只拿红利但没有实权。实际上，现在很多互联网创业企业都采取了类似AB股的制度，以便保障创业企业家的控制权，并且这一制度安排开始在多个行业流行。

讲到这里，我想起了一个故事。多年前，马云控制的阿里巴巴集团一直打算在香港上市。但是，香港的上市公司实行"同股同权"的制度，不能接受阿里的合伙人股权结构。于是，2014年马云去了能够接受合伙人股权制度的美国纽约证券交易所上市。后来，香港证交所非常后悔，专门为此修改了上市规则，允许部分企业实行"同股不同权"的制度。于是，5年之后的2019年底，阿里回归香港证交所，马云总算是圆了一回"港股"梦。这件事也从一个角度说明，**当现实制度不符合理论预期时，制度就应该改革。**

需要补充说明的是，相机治理机制不仅适用于创业型企业，而且适用于所有快速成长或者快速变化的企业。因为只要企业在快速变化，未来就充满各种不确定性，公司治理就是一个不完全契约。此时，企业家拥有控制权就是一种趋势。

当企业家代表的人力资本和资本家代表的货币资本发生冲突时，企业应该交给哪一方来控制呢？由于企业家和资本家之间不可能写一份事无巨细的完全契约，因此公司控制权安排实际上是一份不完全契约。不管是企业家控制，还是资本家控制，都各有利弊。因此企业的最优控制权应该相机抉择，即正常经营时由企业家控制，陷入财务困境时由资本家接管。这样的控制权安排对应于现实中的债务契约和特殊的AB股制度。

思考题

在你了解的企业中,有哪些企业是外部股东拥有大部分股份,但是实际上是由占股份相对较少的企业家控制的?请尝试解释这种治理结构。

第9讲 信息甄别

如何招聘到真正的高手？

中国有一句俗话叫，"画龙画虎难画骨，知人知面不知心"。说的就是看人识人是一件很难的事情。假设你是一个老板，需要招聘一个高水平的销售总监。来应聘的每个人都会说自己水平高，你如何甄别高手和低手呢？又比如，你开了一家服装店，你想让有钱的顾客多消费，让没钱的顾客少消费。问题是，你怎么准确地区分这两类顾客呢？这两个问题，都属于事前的信息不对称问题，即一方不知道另一方的真实类型。这里说的类型包括很多种，比如穷人和富人、好人和坏人、高手和低手等人的类型，还包括高成本和低成本、好产品和坏产品、真外企和假外企等企业的类型。

下面，我会通过身边的真实案例，来跟大家谈谈，如何看人、识人、甄别人。

信息甄别模型进入学术视野

在 20 世纪 70 年代之前，经济学并不关注信息不对称问题。经济学原理认为，供给和需求两种力量决定了唯一的均衡价格，然后买卖双方都按均衡价格成交。1976 年，美国斯坦福大学经济学教授斯蒂格利茨（Stiglitz）与合作者在《经济学季刊》上发表了一篇开创性论文，他们发现：**一旦考虑了当事人类型的信息不对称，传统经济学的结论就都不成立了。**均衡价格不再是唯一的，而是每种类型的当事人对应一个价格。举个例子，根据传统的经济学原理，冰冰和静静都是刚出道的青年女演员，拍一集电视剧的报酬就应该是一样的。但是根据契约理论，因为两人的水平不同，报酬也不相同。

斯蒂格利茨的这篇文章成为信息甄别模型的奠基性文献，也是斯蒂格利茨与另外两位经济学家共同获得 2001 年诺贝尔经济学奖的主要成果之一。那么，经济学家究竟用什么巧妙的办法把不同类型的消费者或生产者甄别出来呢？这就是契约理论。

以招聘为例，在录用之前，你无法知道应聘者是高水平还是低水平，这属于事前的信息不对称。此时，如果没有任何甄别机制，不管水平高低都给同样的工资，结果将非常糟糕。一方面，一大批"南郭先生"就会滥竽充数、以次充好，最终团队无法完成目标；另一方面，高水平的人不甘心和低水平的人拿同样的工资，于是他们可能会离开，这就是"逆向淘汰"——该走的没走，不该走的走了。

大学是怎么甄别人才的?

那么,怎么才能甄别出应聘者的真实水平呢?关键就是我们在前文中讲到的激励相容原理。如果我们能够设计一种机制,让每一个应聘者如实披露自己的类型,并且得到好处,而撒谎会带来坏处,那么就能甄别出应聘者的真实类型了。

我们来看一个真实世界的案例。很多人以为大学老师都是"铁饭碗、铁工资"。说到这里,我必须澄清一下,情况已经不是这样了。十年前,我所在的大学就开始招聘海外归国人才(简称"海归")。一开始,"海归"都是高薪,一年收入几十万,大概是本土老师(戏称"土鳖")的两到三倍。但是,有少数"海归"研究和教学能力一般,甚至不如优秀的"土鳖",这种"同工不同酬"的问题引起了"海归"和"土鳖"之间的矛盾。后来,学校对招聘机制进行改革,对"海归"人员实行"双轨制"。一种是人才岗,特征是"高收入 + 高风险":实行年薪制,每年大约 30 万元,三年一个聘期。聘期内必须在国际高水平期刊发表 3 篇学术论文,考核不合格就不再续聘。另一种是普通岗,特征是"低收入 + 低风险":工资和"土鳖"一样,以固定工资为主,每年大约 10 万元,没有硬性的国际发表要求,基本上是"铁饭碗"。

实行了这种甄别机制之后,本校的人才引进效果立竿见影。一批水平较高的"海归"选择了人才岗,之后脱颖而出,他们认为这个报酬是物有所值。俗话说得好,"不是金刚钻,不揽瓷器活"。而水平一般的"海归"则望而却步,他们宁愿选择普通岗。关键是,"海归"和"土鳖"之间的矛盾得以缓解,"土鳖"不再羡慕"海归"的高薪。毕竟,人家虽然收入高,但是风险也大,这很公平。

你可能会问,如果有些"海归"一开始选择了人才岗,拿了高薪之后考核不达标,然后转成普通岗,那不是两头占便宜吗?不用担心,学校明确规定,考核不合格的人才岗不能在本校转为普通岗,必须离职。说白了,这就是所谓的"非升即走"。这就堵上了"套利"的空间。

信息甄别机制的设计要点

我经常说,**一个设计巧妙的机制胜过一堆文件**。通过人才招聘这个案例,我们可以归纳出经济学家在信息不对称的前提下,设计某种激励机制进行信息甄别的要点。

第一,针对不同类型的参与人(如应聘者)设计不同的"契约套餐"。这些套餐通常表现为不同的组合,例如报酬—风险组合、价格—数量组合,并且不同套餐之间不能留下套利空间。如果人参和萝卜一个价格,你就永远买不到真正的人参。

第二,要让每个参与人甘愿选择适合自己真实类型的契约套餐。如果参与人撒谎或者冒充别的类型,他会得不偿失。要把真正的高手甄别出来,就是要让高手不愿意选择普通人的契约,而普通人也不愿意选择高手的契约。如果实现了这种效果,我们就说做到了"激励相容"。

讲到这里，我想起了清朝大贪官和珅的一个故事。故事说有一次某地发生了自然灾害，乾隆皇帝派和珅去当地赈灾。官府当场熬粥发放给灾民。当时灾民人数特别多，现场一片混乱。关键时刻，和珅抓了一把沙子掺到白米粥里。很多"灾民"一看，马上就走掉了，然后剩下的灾民继续排队领粥。和珅的做法看上去很缺德，但其实是一种非常巧妙的信息甄别机制。因为官府免费施粥，一定会有很多假的灾民来混吃混喝，而他们不会想吃有沙子的白米粥。但真正的灾民并不特别在乎粥里是否有沙子，最要紧的活下去。于是，真假灾民就区别开了。

拼多多为什么有市场？

除了人才招聘，更广泛的信息甄别体现在消费领域。我们来看另一个案例。以前，我们都是去实体店买衣服。顾客一走进服装店，就会有一个导购员热情地迎上来，问你想看什么样的衣服，需要什么样的价位，甚至主动给你倒一杯水喝。看上去是闲聊，其实这是服装店导购员在根据你的外在形象以及你的谈吐，对你进行信息甄别。导购员需要马上判断：你的消费能力高不高。如果你的消费能力比较高，导购就会向你推荐高档服装；如果消费能力不高，就会推荐平价服装。而且，大部分服装店的衣服并不是统一的明码实价，而是可以讨价还价的。导购员根据顾客特征将顾客分为两类群体，然后分别索取不同价格的做法，就是经济学上的"三级价格歧视"。这是一种比较简单的信息甄别。

更复杂的情形是，随着电商日益普及，很多人都直接在网店上买衣服，不再去实体店了。服装店看不到顾客的形象，也没法跟顾客套话，那么服装店该如何进行信息甄别呢？答案是，它会利用价格和数量两种工具，将商品分成不同档次的套餐。比如，你买的服装总价越高，折扣越多，超过一定金额还可以包邮；总价越低，折扣越少。

这种基于消费金额的价格优惠，其实就是一种信息甄别方法，经济学上叫"二级价格歧视"。采取这种甄别方法，商家不需要了解你是有钱人还是普通人，因为你的购买行为就会自动暴露你的类型。在网店的信息甄别过程中，买东西越多的顾客，享受的折扣也就越多，这也表示商家让利越多。

商家虽然对买了很多商品的顾客让利，但是商家照样可以从他们身上赚到钱。让利不是让出所有利润，而是少赚一点。这少赚的一点，就是商家为了让这些人说真话付出的信息租金了。参与博弈的当事人之所以愿意说真话，往往是因为说真话有更多的好处。要知道，这个世界上本来没人愿意说真话，除非搞对了激励！

在商家的信息甄别之下，消费能力低的人是不是只能被"薅羊毛"，而无法从信息甄别中获得好处呢？其实也不是。如果有一种机制，能够将很多低消费顾客的微小订单集中起来，形成一个较大的订单，那么一样可以享受到量大从优的价格折扣。这样的机制其实就是"拼多多"。这也就是为什么拼多多一上市,就成为热门的独角兽企业。所以,时代在进步,信息甄别的手段也在进步,这就带来了新的商机。

在事前的信息不对称下,老板为了实现利润最大化,需要针对不同类型的参与人提供不同的契约,并且让他们只能选择适合自己类型的契约,这样就可以让参与人显示自己的真实类型。形象地说,就是**你的选择出卖了你的类型**。当然,有效的信息甄别机制在本质上是一种转移支付。想要参与人暴露自己的信息,老板需要付出一定的成本,这就是所谓的信息租金。在不完美的世界中,天下没有免费的午餐。

思考题

政府推出经济适用房,是为了让一部分经济困难的人,通过提交申请,政府来甄别他们的信息,进而确认他们是否有资格购买经济适用房。但是在申请过程中,也一定包含了一批经济上相对富裕却同样想购房的人。那么,你觉得政府需要怎么做,才能找出真正需要帮助的穷人呢?

第10讲 道德风险

哪些员工适用股权激励？

大家小时候应该都听过"半夜鸡叫"的故事。周扒皮是一个地主，他和长工们有一个约定：只要公鸡打鸣了，长工就要出去干活。于是，为了让长工们多干活，周扒皮就在半夜里学公鸡叫，引诱真正的公鸡提前打鸣。长工们深受其害，最后想了一个办法：在周扒皮半夜学鸡叫时，把他当作"偷鸡贼"暴打了一顿，总算是出了一口恶气。"半夜鸡叫"的故事虽然是文学作品，但它反映了一个普遍难题：作为老板，在信息不对称的条件下，如何让员工不偷懒，如何激励员工勤奋肯干呢？

激励难题

从人性的角度讲，偷懒是人的本能。如果你是一个员工，老板看不到你的工作过程，你会不会开小差？上班时间会不会干私活？会不会偷偷拿客户的回扣？这种利用信息不对称做出的偷懒、浑水摸鱼以及侵占公司财产的行为，在契约理论里被称为"道德风险"问题。

既然每个人本性上都想偷懒，那么重要的问题就不是从道德上谴责去偷懒行为，而是设计一种激励机制来减少偷懒问题。所谓的激励机制，就是老板虽然看不到员工的行为，但是能让员工按自己利益来做事的一种契约或者制度。这个问题的底层分析框架，也是我们要介绍的经济逻辑，是1994年诺贝尔经济学奖得主莫里斯（James Mirrlees）和2016年诺贝尔经济学奖得主霍姆斯特朗（Bengt Holmström）共同搭建的。很多人都觉得经济学家很高傲，其实，经济学家可能是这个世界上最谦卑的人，因为他们从来不进行道德批判，而是在承认人性的前提下，想办法规范人的行为。

那么，什么样的激励机制能够让周扒皮不用半夜学鸡叫，也让长工们像打了鸡血一样卖命干活呢？如果你是一个领导或者老板，相信你肯定非常关心这个问题。下面，我就来谈谈如何通过激励机制解决道德风险问题。

假设有一个地主叫周扒皮，他是老板；有一个农民叫鹿三，他是员工。假设老板看不到员工的劳动投入，只能看到劳动产出，但劳动投入和产出并不是一一对应的。其实，世界上大部分工作都是这样，既要靠努力，又要靠运气。用契约理论的话来说，产出除了受到个人努力影响，还会受到某种噪音影响，这就是所谓的风险或者不确定性。一般来说，努力水平越高，实现高产出的概率越大；努力水平越低，实现高产出的概率越低。举个例子，你好好学习，高考时考高分的概率就大，但谁也不能保证你高考一定拿高分。比如发洪水，考生们都要划船进考场，而影响了状态。此时，除了努力水平，天气也会影响考生的分数。

在理想状态下，如果努力和产出是完全对应的，那么老板只要看产出就知道员工是否努力了，那这个世界根本就不需要激励了。因为高努力只是在概率上带来高产出，所以当我们努力之后遭遇失败时，应该问心无愧、自认倒霉。

三种激励契约

什么样的契约能够让鹿三不偷懒，并且实现土地产出最大化呢？理论上，一共有三种契约可供选择：第一种是固定价格契约，第二种是固定工资契约，第三种是分成契约。接下来，我们将比较每一种契约对员工行为和绩效的影响，然后找出总产出最大化的一种契约。这就是契约理论常用的比较分析方法。

我们先来看固定价格契约，就是老板以一个固定的价格将业务承包给员工，员工自负盈亏。这其实就是一种承包制，员工就相当于自己的老板。例如，周扒皮把自己 20 亩地租给鹿三种水稻，每亩地每年收取 500 斤稻谷作为租金。那么，鹿三就从一个雇工变成了老板，他不仅不会偷懒，而且会起早摸黑、披星戴月。因为扣除租金之后，他剩多剩少都归自己了。用经济学的术语来说，他现在是"剩余索取者"。长工翻身做主人了。但是，且慢高兴。鹿三很快发现，他面临巨大的风险。北方的水稻每年只能种一季，一旦天气不好导致歉收，每亩地只能产出400多斤稻谷，连租金都不够，相当于白干。作为一个小农，他没有保险机制，一旦交不起租金，他就要卖身变回长工了。因此，固定价格契约的好处是，能够100%地激发员工的努力水平，但是也会给员工带来100%的风险，可谓高风险、高收益。相对于老板来说，员工一般是规避风险的。因此，大部分员工不敢接受这种固定价格契约，否则他们早就去当老板了。

第二种契约——固定工资契约，就是老板每个月给员工固定的工资，员工干活的产出完全归老板所有。例如，周扒皮每月给鹿三两块大洋，并且包吃包住。固定工资契约的好处是，员工不必承担任何产出波动的风险，可谓"旱涝保收"，风险都由老板承担了。但固定工资契约的坏处是，员工完全没有激励去努力了，因为"干多干少一个样，干和不干一个样"。在信息不对称条件下，员工一定会偷懒，产出一定会很低，不可能实现产出最大化。

或许聪明的你已经看出来了，固定价格契约和固定工资契约是两个极端，前者对员工来说风险太大，后者对员工来说激励太差。那么，有没有一种契约能够吸收这两者的好处，同时又尽量避免两者的坏处呢？这就是我们要介绍的第三种契约——分成契约。

分成契约意味着，员工的工资由两部分组成：一部分是固定工资，一部分是提成或奖金。提成的比例介于0到100%之间。固定价格契约就相当于提成比例为100%的分成契约，而固定工资契约就相当于提成比例为0的分成契约。这样，我们可以把固定价格契约和固定工资契约，都看作是分成契约的特殊形式。

分成契约的现实操作

在现实中，分成契约如何操作呢？比如，周扒皮可以跟鹿三约定：每个月保底工资是一块大洋；如果每亩产量超过800斤，超过部分的30%作为奖金。在分成契约下，员工干得越多，拿得就越多，同时老板赚得也越多。因此，分成契约把员工的利益和老板的利益捆绑在一起了，这就是我们一直强调的"激励相容"。激励相容是一个非常重要的经济学原理，经济学家之所以能够解决信息不对称下的逆向选择和道德风险问题，主要就是依靠这个简单实用的法宝。它是2007年诺贝尔经济学奖得主赫维茨（Leonid Hurwicz）提出的思想。

但是问题马上就来了：如果分成就能提高员工的努力水平，是不是分成比例越高越好呢？分成作为一种激励工具，实际上是一把双刃剑：分成比例越高，员工激励越强，但是承担的风险也越大。因此，老板给员工的最优分成比例，一定是在激励和保险之间权衡取舍。也就是说，恰当的分成比例，既要让员工努力，又要减少员工承担的风险。契约理论证明，在其他条件不变的前提下，员工的风险规避程度越强（越害怕担风险），或者产出的波动越大，那么分成比例应该越低。这意味着,最优的分成比例要根据员工的特征、任务的性质来设计,而不能搞"一刀切"。

让我们换一个思考场景吧。假设一个企业有两种业务:一种是传统业务(比如卖畅销的化妆品),客户比较稳定;另一种是新业务(比如卖新的化妆品),存在较大的市场风险。那么,最优的工资契约应该这样设计:如果员工做传统业务,那么固定工资低,但分成比例高,这样可以避免员工吃老本;如果员工做新业务,那么固定工资高,分成比例低,这样可以减少员工开辟新市场的风险。总之,不同性质的业务,应该对应不同类型的激励机制,而不能搞一种薪酬标准。

股权激励的适用范围

在企业里,分成比例除了体现为提成或者奖金,还可以体现为股权激励。说到这里,我不得不批判一下。现在在市面上很多书,动不动就提倡"合伙制""股权激励",这完全是走极端。在这里我要语重心长地科普一下:**绝对不是所有员工都适用于股权激励**。一般来说,普通员工都是风险规避型的,他们的绩效容易度量,信息不对称问题不太严重。作为老板,要是真关心员工福利,适度提高他们的工资或者奖金,给他们股权反而增加了他们的风险,而且人家也没打算一辈子给你打工。这是典型的好心办坏事。相反,核心员工和管理层能够承担一定的风险,绩效不太容易度量,因此为了留住他们,仅仅提高奖金是不够的,还应该分配一定的股权或期权。

阿里巴巴集团的激励制度完美地验证了契约理论。在阿里，普通员工是没有股票激励的，只有级别为P7以上的技术或管理岗位，才能享受股票激励，而且规定满两年可以套现一半，四年后才可以全部套现。此外，这些享受股票激励的核心员工，其现金工资要比同行少一些。

所以老板既要激励员工努力，又要减少员工的风险，不是所有员工都应该持股。其实，这一结论还依赖于一个前提条件：伴随产量的提高，运气的成分要逐渐减少。如果一个行业主要靠运气挣钱，并不适用于我们所讲的契约理论。反过来讲，**在一个社会里，如果努力越来越重要，运气越来越不重要，那么这不仅是一个公正的社会，也是一个有效率的社会。**

思考题

有人说，现在很多机构上下班都要打卡，而且办公场所有摄像头，因此老板和员工之间不存在信息不对称，偷懒不再是一个问题了。请问，你是否同意这个观点？

第11讲 激励难题

为什么奖励反而产生了负面效应？

中国有句古话："重赏之下，必有勇夫。"工资越高，奖励越多，或者金钱报酬越高，大家努力的积极性肯定更高，这似乎是一个常识。但是，社会学家和经济学家却发现，金钱报酬有时反而减少了努力水平，降低了工作绩效。为什么物质奖励反而产生了负面效应呢？下面我就来给大家讲讲，这个反常的"奖励悖论"。

"奖励悖论"

我先给大家介绍两个非常有趣的案例。第一个案例是，英国著名社会学家蒂特马斯（Richard Titmuss）对公民献血的经典研究。在英国，公民献血在最开始的时候是无偿的，没有一分钱报酬；后来，政府为了鼓励更多公民献血，就给了一些金钱补偿。但结果是，提供金钱补偿之后,献血的人数不仅没有增加,反而减少了,甚至连献血的质量也下降了。是不是很奇怪?

第二个案例来自环境保护领域,跟今天流行的"邻避效应"相关。两位瑞士经济学家在一篇论文里,介绍了一个瑞士的政策干预实验。1993年,瑞士政府准备在中部地区建造两个存储核废料的仓库。政府先通过发放问卷的方式,询问当地居民是否同意建造核废料仓库。调查进行了两轮。第一轮调查时,调查内容中没有提到任何补偿,结果有51%的居民表示同意。第二轮调查时,明确说瑞士政府愿意为此提供金钱补偿,结果只有25%的居民同意。从没有补偿到提供金钱补偿,支持公共项目的居民人数不仅没有增加,反而减少了一半。这再次说明,金钱报酬可能带来负面效应。是不是很奇怪?

按照传统经济学的观点,人们的效用水平主要由金钱和物质水平决定,至少金钱多了不是坏事。那怎么解释这个反常的"奖励悖论"呢?幸运的是,经济学家找到了答案。

关键是区分内在动机和外在动机

2003年,美国普林斯顿大学教授贝纳布(Roland Benabou)和法国图卢兹大学教授梯若尔(Jean Tirole)在世界顶级期刊《经济研究评论》(RES)上发表了一篇论文,综合了社会学、心理学和经济学的观点,提出了一个统一的分析框架,从而解释了一些看上去非理性的行为。梯若尔教授后来获得了2014年诺贝尔经济学奖。接下来，我将以这篇文章为主，介绍经济学家近年来对"奖励悖论"的最新研究成果。

第一个要点是，我们应该区分两种动机："内在动机"和"外在动机"。所谓"动机"，就是人们做一件事情的动力或者目的，或者说要满足什么需求。所谓的内在动机，是指当事人为了个人利益自愿去做某件事情的动机。比如，荣誉感、正义感，或者追求道德高尚，都是内在动机。所谓的外在动机，是指当事人需要外部奖励才去做某件事情的动机。比如，我们为了养家糊口去工作，或者为了挣钱去上班，都是外在动机。

从逻辑上讲，只有理解了人的需求，才能理解人的行为，最后才能通过政策或制度改善人的行为，从而提高社会总福利。因此，理解需求是经济学的关键问题，其实也是最难的问题，因为没有一本经济学教科书会教你如何理解别人的需求。像这种非常有用但是教科书又不讲的知识，恰恰是我要介绍的知识。

第二个要点是，依赖于金钱报酬的外在动机有时会破坏内在动机，社会心理学家称为"动机挤出理论"。以献血为例，对很多人来说，献血是一种无偿帮助他人的高尚品德，或者是一种基本的公民责任。愿意无偿献血的人都具有一种强烈的内在动机，这跟钱没有任何关系。一旦政府给所有献血的人提供了金钱补贴，那些原本愿意无偿献血的人，就会觉得献血不再是一种充满荣誉感或者责任感的好事，反而容易被认为自己是冲着金钱去献血的。因此他们宁愿不再献血，也不要背负不道德的"黑锅"。说得极端一点，对于那些有道德洁癖的人来说，给钱简直是一种莫大的侮辱。

第三个要点是，即便对于外在动机而言，金钱报酬与努力水平也不是单调正相关的。所谓单调正相关，就是金钱报酬越高，努力水平也越高。

下面，我来给大家介绍两位经济学家在以色列海法大学做的一个有趣实验。两位经济学家找了160个大学生，随机分成4个小组，每组回答50个智商测试的问题。所有参加实验的人，都可以得到120块钱的固定报酬。

第一组大学生，除了固定报酬，答题没有任何额外报酬；第二组大学生每答对一个问题，可以额外得到2毛钱；第三组大学生每答对一个问题，可以多得2块钱；第四组大学生每答对一个问题，可以多得6块钱。

简单来说，就是四个小组，第一组无偿回答，其他三组的金钱奖励逐步加码。实验的结果是，无偿回答问题的第一组答对了28个问题，第二组答对了23个，第三组和第四组都答对了34个。两位经济学家由此得出结论：金钱报酬与工作业绩并不是一一对应的。一些人做事根本不看重金钱，一些人做事非常看重金钱。因此，**你要让别人努力做事，要么干脆不给钱，要么就按市场标准给足钱，千万不要只给很少的一点钱**。他们这篇文章2000年发表在《经济学季刊》上，文章题目就叫《要么给足钱，要么别给钱》("Pay Enough or Don't Pay at All")。听上去是不是很酷？

第四个要点是，如果外在环境发生了变化，那么一个人的动机也可能发生变化。当金钱报酬很低的时候，人们可能更在乎自己的尊严、名声，此时内在动机战胜了外在动机。但是，当金钱报酬足够高时，比如是一个巨大的天文数字，此时外在动机就可能战胜内在动机。

我举一个例子：很多一线城市为了限制房价，对购房资格进行限制，比如规定一对夫妻在本地购买第二套商品房时，首付比例从30%提高到60%。于是，一些家庭为了规避限购政策，居然假离婚。在道德上，我们认为婚姻、爱情应该是无价的，这是一种纯洁的内在动机。但是，一旦面临十几万甚至几十万元的金钱利益，内在动机就可能让位于外在动机了。有人认为，这是因为中国人的道德水准下降了，我倒不这么认为。这与其说这是一种道德水准下降，不如说这是人性的弱点。而我们不要去挑战人性的弱点。

管理者如何利用内在动机？

每个人都同时拥有外在动机和内在动机。外在动机是人生存的物质基础，而内在动机是人们愿意做出更多贡献的心理基础。因为外在动机依赖于金钱或物质奖励，所以在现实中，管理者们经常面对的困境是，当外在动机的激励手段有限时，应该如何掌握人的内在动机从而实现激励效果呢？

著名作家马克·吐温（Mark Twain）写过一本很有名的书，《汤姆·索亚历险记》(*The Adventures of Tom Sawyer*)。书中的主人公汤姆·索亚是个聪明活泼的小毛孩。有一天，调皮的汤姆因为逃学和打架，惹怒了波莉姨妈，于是姨妈罚他粉刷门口的篱笆墙。对汤姆来说，这是一件既无聊又繁重的体力活。他本来想用自己的几个小玩具收买小伙伴们替他干活，也就是使用物质奖励，但是他的玩具又少，而且还不新鲜。他苦思冥想，突然想到了一个好主意。一方面，他让小伙伴们都觉得刷墙是一件新鲜刺激的事情；另一方面，他又让小伙伴们觉得刷墙是一件很严肃的事情，说这墙是当街的一面墙，波莉姨妈是不会随便让人刷的。小伙伴们羡慕不已，都争先恐后地要求刷墙，甚至拿出了各种各样的食物和玩具来跟汤姆换一次刷墙的机会。于是，汤姆不费吹灰之力，不仅刷好了墙，而且免费得到了很多小礼物。所以，如果正确地理解了人的需求，掌握了人们的内在动机，即便是小孩子也可以把激励搞对。

在现实中，在掌握内在动机的基础上把激励搞对的例子还有很多，特别是在市场营销方面。这方面最有代表性的一种营销策略，就是所谓的"饥饿营销"。例如，小米手机在刚上市不久，分批次限量售卖手机，创造出一片需求空白地带，而且手机操作系统的功能也是每周更新一次。于是，很多手机发烧友每天在网上刷新，每次新手机上市都要抢购才能买到。这就很快培养了一批忠诚客户和铁杆粉丝，但是小米却几乎没有为此多花一分钱。

最后，我来总结一下这一讲的核心观点：不要盲目地用金钱去激励别人。金钱不仅不是万能的，有时甚至是有害的。首先要了解对方在做一件事情时，是内在动机型还是外在动机型。对于内在动机型员工，最重要的是给他提供实现梦想的机会；对于外在动机型员工，就要将他的报酬与绩效挂钩。当然，人人都要满足最基本的需求，就算是纯粹具有内在动机的员工，也不可能免费给老板打工。

思考题

有人认为，提高官员的工资才能减少腐败。你是否赞成"高薪养廉"这种说法？

第12讲　动态逆向选择Ⅰ

孔子为什么批评"好人好事"

孔子为什么批评做好事的子贡？

在很多人眼里，孔子是一个非常古板、迂腐的人。《论语》说："割不正，不食。"孔子连吃肉都要求切得方方正正，否则宁可不吃。但是，当我阅读了更多关于孔子的原始文献后，我发现孔子有时也是一个懂得变通、很讲究策略的人。在本讲的开始，我先给大家讲一个关于孔子的故事吧。

春秋时期的鲁国，很多平民百姓为了生存，不得不将子女卖到贵族家里当奴仆。官府规定，如果有人愿意出钱为奴仆赎身，让他们变回自由人，就可以得到官府的奖金。孔子有一个弟子叫子贡，出钱帮一个奴仆赎身了，但谢绝了官府的奖金。他以为，这种好人好事一定会得到孔子的表扬。没想到孔子严厉地批评他："规章制度是用来规范百姓行为的，不是针对某个人。如果大家都像你子贡这样高风亮节，以后谁还怎么被动力去做好人好事呢？"

孔子批评子贡的故事说明，人们有时会好心办坏事。我们每个人都要读书或者参加工作，都要跟同学或同事打交道，都希望给别人留下一个好名声。但是，你可能没想到，有时候好名声反而会带来坏结果。这是为什么呢？下面，我们就来谈谈这个反常的问题。

引入重复博弈的新视角

我们每天都要跟很多人打交道，但我们经常不知道对方的人品如何。为了表达方便，我们就简单粗暴地像小孩子看电视一样，暂且把所有人分为两类：一类是"好人"，另一类是"坏人"。用契约理论的话来说，人品是一种表示个人类型的信息。在打交道之前，我们不知道对方的人品，因此人品是一种事前的不对称信息。在前文中，我们介绍了揭露当事人类型的两种主要方法：一种是信号发射，就是当事人通过某种独特的行为——比如考上好大学，证明自己是比较聪明的人；另一种是信息甄别，就是老板通过设计不同的契约让员工选择——比如是拿固定工资还是拿销售提成，胆子大、能力强的员工就会选择拿提成，而胆子小、能力弱的员工会选择拿固定工资。这些分析都有一个隐含的假设：当事人之间的契约关系是静态的、短期的，双方之间是一次性博弈。但在现实中，人与人之间的博弈通常是动态的、多次重复的。这就是我们这一讲的主要知识点——动态逆向选择问题,即人们如何在动态或者重复博弈下克服事前的信息不对称问题。因为,**一旦我们将人与人之间的关系看作是一种重复博弈,一些静态条件下成立的结论在重复博弈下可能是错的**。否则,我们要学那么多理论干什么呢?

在重复博弈过程中,我们可以通过声誉机制了解一个人的品德。所谓的声誉,就是名声、口碑。我们不知道一个陌生人究竟是好人还是坏人,但我们可以通过观察他的部分行为来判断他的人品。比如说,我们看到他做了一件好事,那么我们就认为这个人可能是好人;如果我们看到他做了无数件好事,我们就可以认定他绝对是一个好人;如果我们看到他做了一件坏事,那他肯定是一个坏人。也就是说,在信息不对称的条件下,我们只能通过行为来推测人品。因此,"好人好事"其实是一种建立好声誉的办法。

有了声誉机制,好人会经常做好事,因为好人需要证明自己是好人;有趣的是,坏人有时也会做好事,因为坏人希望通过做好事来掩盖自己的类型。毕竟,没有哪个坏人一开始就巴不得告诉别人自己是坏人。看来,声誉真是个好东西。在经济学界,声誉理论的主要创立者,是斯坦福大学教授克雷普斯(David Kreps)。克雷普斯被认为是最有天赋的经济学家之一,他曾经获得了克拉克奖。克拉克奖专门颁发给40岁以下的、最优秀的美国经济学家,他也是诺贝尔经济学奖的潜在候选人之一。

好人也会做坏事！

然而，近年来的研究表明，好声誉不仅让好人和坏人做好事，有时也会让好人做坏事！2003 年，美国西北大学教授依莱（Ely）与合作者在《经济学季刊》上发表了一篇论文。这篇论文的题目就是《坏声誉》（"Bad Reputation"），顾名思义，声誉有时是个坏东西，它会把好人给害了。博弈论的论文都非常复杂，满篇都是数学公式，但是没关系，我们用一个简单的故事就可以说明。

在一条高速公路的服务区有一家汽车维修店。维修店的位置是固定的、长期营业的，但是开车路过的车主都是临时的、一次性的。车主一旦在高速公路上发现汽车出了毛病，就会把车送到维修店来修理。但车主不是汽车专家，不知道自己的汽车究竟有什么毛病，严重不严重。车主只能推测汽车有 50% 的概率需要大修，例如换发动机或者变速箱，有 50% 概率需要小修，例如更换机油或者轮胎。专业的修理工知道汽车的真实毛病，但车主不了解修理工的人品，双方之间存在事前的信息不对称，这样就容易出现我们前面提到的逆向选择问题。修理工有两种类型：好的修理工根据汽车的真实状况来决定大修还是小修，而坏的修理工总是选择大修，因为大修比小修带来的利润更高。在不了解车况以及修理工人品的前提下，这些临时路过的车主唯一拥有的信息，就是这个修理工以往的修车记录，因此车主根据修车记录来判断修理工的人品好坏。如果他发现修理记录上大修的记录超过 50%，那么他就认为对方很可能是一个坏修理工；反之，如果他发现修理记录上大修的记录低于50%，那么他就认为对方很可能是一个好修理工。在这种声誉机制下，修理工为了表明自己是一个"好的"修理工，就会尽量减少大修，增加小修，哪怕是该大修时也改为小修。在极端情形下，修理工干脆全部小修，以免被顾客认为自己是坏人。但这样一来，该大修的汽车就没法彻底修好，说不定还会在高速公路上发生更严重的事故，甚至导致车毁人亡。理性的车主一旦意识到这点，干脆就不来修车了。于是，修车市场就崩塌了。

修车的故事告诉我们，**在声誉机制的作用下，如果好人急于证明自己是好人，那么好心可能会办坏事**。这就是动态逆向选择模型的基本结论。这个结果类似于我们前面学过的信号发射理论：有时当事人为了证明自己，过度发射了信号，反而浪费了社会资源。

在声誉压力下，好人做不成好事的例子可以说比比皆是。例如，一个程序员在办公室整夜写代码，第二天白天有点犯困了，就在电脑上看一会电影。假如此时老板刚好经过办公室，就会认为这个员工不务正业，甚至直接开除。而一旦预料到这种结局，或者看到了这样的处分以后，其他程序员就不会再熬夜加班，工作业绩反而减少了。

不应过于看重短期评价

在前面的修车故事中，如果声誉机制没有发挥正向的作用，不仅司机的生命会受到威胁，更大的威胁是司机不再信任维修人员，从而导致整个行业的崩溃。

那么，如何让声誉机制发挥应有的正面作用，解决信息不对称的问题呢？下面这个案例能够给到我们一些启发。

大家都知道，可口可乐公司是全球最大的饮料生产商，但是很少有人知道，可口可乐公司在进入中国市场的前十年却"一个铜板也没赚"。因为当时的董事会主席说，中国是一个巨大的市场，而且它还在不断成长。为此，可口可乐公司美国总部对中国公司的考核要求是：不看短期盈利，只看长远预期。为了培育中国市场，1986年可口可乐公司在中央电视台投放了第一个电视广告，并持续地赞助体育赛事。通过不断宣传，可口可乐公司塑造了在中国的良好形象，建立了品牌声誉，最终将中国市场成功地培育为贡献最大的全球市场之一。相反，如果当时的公司负责人目光短浅，只注重短期声誉和年度考核，那么这个全球第一的洋品牌很可能至今都无法立足中国，更不用说让中国市场成为其全球主要市场了。

从上面的案例，我们可以看出，如果声誉的评价者不是看重当事人的短期表现，而是看重长期表现，那么当事人就没有必要为了所谓的好声誉而去干坏事。假设汽车维修店不是开在高速公路的服务区，而是开在一个居民小区边，或者人流固定的办公区，那么来修车的车主就不必管别人的维修记录，根据自己的几次修车经历就知道修理工靠谱不靠谱。也就是说，一旦我们把双方博弈的环境从一个短期当事人和一个长期当事人，换成两个长期当事人，答案就完全相反了。这正印证了中国古代的一句名言：路遥知马力，日久见人心。有的时候，给自己一点耐心，就是给别人一点信任，也是给好人一次机会。

在信息不对称的条件下，当事人可以通过声誉机制来证明自己的类型。但如果当事人过于看重短期的声誉，会导致他为了证明自己而做出对客户不利的事情，这就是好心办了坏事。

思考题

居里夫人先后获得诺贝尔物理学奖和诺贝尔化学奖，她发现了一种新的放射性元素——镭。为了推动相关研究，她慷慨地将所有的奖金无偿捐出，但自己却没钱再买一克镭来做实验。请问你怎么看待这种行为？

第13讲　多任务冲突

KPI考核是灵丹妙药吗?

海底捞董事长张勇将KPI扫地出门

1994年,只有中专文凭的张勇,创办了第一家"海底捞"火锅店。后来,"海底捞"成为全国最著名的火锅品牌之一,张勇也去某个著名商学院读了一个EMBA(高级工商管理硕士)。在商学院,他学了很多现代化的管理手段,目标管理,平衡积分卡,KPI。一开始,他非常虔诚地将这些管理手段运用到"海底捞"的管理实践上,但是他很快就发现这些管理手段都失败了。这是怎么回事呢?

原来,当初"海底捞"董事长张勇为了鼓励服务员吸引回头客,曾经将"点台率"作为考核服务员的KPI。具体来说,客人来店就餐时,点哪个服务员的次数越多,就代表客人的满意度越高,那么被点名的服务员奖金就越高。这听上去没毛病啊,但是结果却事与愿违。很多服务员为了赢得更高的点台率，不惜利用手中的权力给客人免费赠送水果、豆浆、小菜等各种食品，而且服务员之间相互攀比，看谁给客人送的东西更多。因此，以点台率为KPI的考核方式，导致了服务员之间的恶性竞争。最后，服务员的点台率提高了，但是分店的成本也急剧增加了，最大的问题是利润明显下降了。

另一个KPI是考核分店的利润。由于总部控制了选址、装修、菜品、定价和工资等大项支出，分店为了提高利润，就拼命在小项支出上节约成本。这导致该换的扫把没有换，该送的西瓜没有送，该提供的毛巾也没有及时更新。各个分店为了提高短期利润，变相地降低了服务质量，长期来看反而减少了客人和利润。

基于上述失败的教训，董事长张勇认为，被业界普遍当作灵丹妙药的KPI考核是"捡了芝麻，丢了西瓜"。于是，张勇将目标管理、平衡积分卡、KPI这些流行的考核方式通通扫地出门。

多任务代理模型

其实，"海底捞"董事长张勇碰到的难题在组织中非常普遍。不管是企业、事业单位，还是政府部门，都会碰到这样的难题：一个员工要同时承担多项任务，多项任务之间往往是冲突的，而且不同任务有的容易考核，有的难以考核，那么这个时候管理者应该怎样评价员工的工作，并合理激励员工呢？

在第10讲"道德风险"中，我们讨论的是，在信息不对称条件下，一个员工只从事一项任务。本讲我们要讨论一个员工从事多项任务时，老板应该如何激励员工。在契约理论中，一个人同时承担多项任务的情境，被称为"多任务代理问题"，你可以将它理解为复杂版的道德风险问题。为了简化分析，我们假设一个员工同时承担两项任务，然后分四种情况来讨论最优激励机制。

第一种情况，两项任务都可以考核，但它们是相互冲突的。例如，一个餐厅的服务员既要提高点台率，又要降低成本。点台率可以通过计算每天每张餐桌的客人数量来衡量，每桌饭菜的成本可以通过后台电脑直接计算，都是容易考核的任务。但是，这两项任务是相互冲突的：提高点台率就意味着要给客人打折，免费赠送小菜或者小礼品，但这显然会增加餐厅的成本。在这种情况下，如果老板要同时考核两项任务，又不分配每项任务的权重，就会让服务员无所适从，并且不管顾及哪头，注定都难以完成考核任务。因此，我们的第一个结论是：**除非明确规定权重，否则不应该将两项容易考核但又相互冲突的任务分配给同一个人。**

第二种情况，一项任务容易考核，另一项任务不容易考核，并且两者是相互冲突的。例如，一个交警既要处罚违章车辆，又要维护交通秩序。处罚违章是很容易考核的，只要数一下一个交警每个月开了多少罚单，扣了多少分，罚了多少款就行了。但是，维护交通秩序却很难考核，因为交通拥堵可能是因为下雨，也可能是因为上下班高峰时期，还可能是因为临时出了交通事故，这些因素都是不可预见的，几乎跟交警的个人努力无关。

另一方面，一个交警每天的精力是有限的，处理罚款的时间多了，维护交通秩序的时间就少了。在这种情况下，如果主管部门对两项任务都进行高强度奖励，那么理性的交警一定会把主要精力用在交通罚款上，而忽视维护交通秩序这项重要任务。用契约理论的话来说，当事人会在两项任务之间套利，从而导致激励扭曲。

那怎么办呢？此时，应该降低对两项任务的激励强度，尤其是降低对容易考核任务的提成比例或奖金水平，这样会引导当事人尽量兼顾两种任务，从而减少激励扭曲。在极端情况下，如果不容易考核的任务至关重要，那么就应该将激励强度降到最低，干脆实行固定工资。事实上，在很多国家，警察都属于公务员体系，工资与"创收"或罚款无关，这是有道理的。由此，我们得到第二个结论：如果当事人承担的两项任务是相互冲突的，并且其中一项是不容易考核的，那么应该降低容易考核任务的激励强度；**在极端情况下，固定工资制度反而比奖励制度更有效。**

第三种情况，两项任务是相互补充的。例如，一个销售员通常要做两件事情：一是提高销售额，二是维护客户关系，包括定期拜访老客户。前者很容易考核，后者就不容易考核了，因为客户的满意度往往是主观的。这两项任务是相互补充的，因为老客户越满意，回头客就越多，销售额就越高，相反开发新客户往往更辛苦。在这种情况下，即便客户满意度难以衡量也不要紧，只要公司加大销售的提成力度，销售员为了提高业绩自然会努力维护客户关系。于是我们得到第三个结论：如果当事人承担的两项任务是相互补充的，那么只需要提高容易考核任务的激励强度。

第四种情况，两项任务中本职工作难以考核，而非本职工作又难以监督。例如，一个公司的行政文员，其主要任务是负责接打电话、复印文件、安排会议，但是她也可能上班时间开微店、网购或者写小说。显然，其本职工作难以量化考核，非本职工作对公司没有帮助又难以监督。那怎么办呢？契约理论认为，一个次优的办法是，直接禁止员工上班从事非本职工作，例如上班要按时打卡，办公电脑里禁止安装无关软件，外出活动要严格请假。相反，公司CEO、销售员、软件工程师这类人，其本职工作很容易考核，就没有必要限制其外部活动。最后，我们得到第四个结论：如果两项任务中本职工作难以考核，而非本职工作又难以监督，那么应该限制当事人的非本职工作。

安达信倒闭的教训

在组织管理中，如果忽视两项任务之间的冲突，企业不仅可能亏钱，甚至可能倒闭。2002年之后，全球"五大会计师事务所"之一的安达信倒闭了。为什么呢？因为安达信作为一家会计师事务所，同时向客户提供两项业务：一是审计业务，二是咨询业务。而这两项业务是相互冲突的。因为审计是按照财务准则严格审核客户的资产负债情况，为客户的财务合规性提供信用报告，实际上是做"减法"，而咨询业务是向客户提供对方想要的建议或方案，以此获取服务报酬，实际上是做"加法"。如果一个会计师事务所既做审计业务，又做咨询业务，那么当客户对审计结果不太满意时，可能会通过咨询业务付费来换取更"宽松"的审计结果，但这就违背了审计的原则。事实上，当咨询业务越来越赚钱时，安达信公司的审计原则就受到了挑战。2001 年，著名能源企业安然公司付给安达信 5200 万美元报酬，其中超过 2700 万美元是咨询服务费。因此，当安然公司在 2001 年底因为财务造假而破产时，安达信立即陷入巨大的丑闻，并受到美国政府的刑事调查，很快安达信就从市场上消失了。从此，全球会计师事务所的"五大"就变成"四大"了。

海底捞究竟应该如何考核

让我们回到"海底捞"董事长张勇的难题，应该怎么解决"海底捞"的考核问题呢？我的一个建议是，对员工同时考核点台率和利润这两项指标，并根据实际情况赋予一定的权重，这样员工就不会单纯追求客人的回头率而失去了利润率。在分店考核方面，因为长期利润与服务态度是正相关的，所以可以直接考核一个分店的长期利润，而不应该只考核短期利润。例如，以一年的利润为主要考核指标，以季度或月度利润作为参考指标，这样长期和短期都可以兼顾。

在信息不对称的条件下，一个员工要同时承担多项任务，如果多项任务之间存在冲突，或者权重不清，就会带来更大的道德风险问题，甚至导致组织或者企业被淘汰。因此，老板在设计激励机制时要更加慎重。首先，要搞清楚任务之间的关系，避免让一个人从事两项冲突的任务；其次，要合理地调整任务的考核方式，恰当安排奖金和固定工资的权重。最后，我也再要告诫一句：当领导、做管理，一定要有理论框架，否则学的知识越多，脑袋里越乱。古人说的好，"尽信书，不如无书"。

思考题

试分析你正在从事的工作中，一共有几项任务，这些任务之间的关系是什么，你认为最有效的考核方式又是什么？

第14讲 团队生产问题

末位淘汰制是灵丹妙药吗？

无论是在学校学习，还是在单位工作，我们都需要团队精神。所谓团队，就是一群人为了实现一个共同的目标，一起努力。但这就产生了一个管理难题：既然老板和员工之间存在信息不对称问题，以至于老板无法观察到员工的真实努力水平，那老板怎么考核团队成员的业绩呢？

比如说，一家饭店在2019年年底生意特别火，但是今年年初遭遇了疫情，生意惨淡。那你能不能说，年底员工们都很努力，而年后员工们都在偷懒呢？显然不能。大家都知道，年底生意好很大程度上是因为过年的气氛带动的，说白了就是运气好；而年后生意不好，很大程度上是因为疫情导致的，也就是运气不佳。如果老板完全根据事后的绩效来发放报酬，而不考虑真实的努力程度，那就是鼓励大家都去碰运气。这样做的后果就是，当碰到好运气时，人人争先恐后；一旦碰到坏运气，大家就作鸟兽散。显然，一个靠运气的组织是不公平的，也不可能持续发展。那么，有什么办法可以在考核员工绩效时挤掉那些"运气"或者"霉气"呢？下面，我们就来讨论这个有趣但是颇具挑战性的话题。

末位淘汰制：通用电气的成功秘诀

我们从一个跨国公司的案例开始。

通用电气公司被认为是美国最伟大的企业之一，连续多年在《财富》世界500强企业中名列前茅。通用电气最著名的CEO是杰克·韦尔奇。韦尔奇认为，通用电气成为"百年老店"的秘诀之一是，实施了"末位淘汰制"。韦尔奇把所有员工分为三类：最好的20%员工属于A类，这些人的报酬是B类员工的两三倍，而且还有大量的股票期权；中间70%的员工属于B类，他们总体表现不错，其中60%—70%的B类员工也有股票期权；最后10%的员工属于C类，表现最差，而且不会有什么改变。因此，最后10%必须每年清除，这就是所谓的"末位淘汰制"。

末位淘汰制又叫"锦标赛考核"（tournament），就是对同一类人进行相对排名。比如说，大家都是某个房地产公司的华北区销售团队成员，那么华北区团队成员之间就具有可比性，因为大家的外部环境、工作对象都是类似的。此时，团队内每个成员之间的业绩差异，基本上反映了个人努力水平的差异。如果你在华北区团队中销售业绩排名靠前，就说明你比别人更加努力。如果说你的销售业绩有运气的成分，那么大家都有运气的成分，通过横向比较就消除了运气的成分。反过来，如果因为华北地区的房地产调控政策导致大家的业绩都不好，那么通过横向比较就消除了个人的霉气。在大环境不好的前提下，如果你的相对业绩仍然靠前，就说明你仍然付出了更多的努力。因此，不管运气好不好，只要你的相对业绩好，你的奖金就高。这样一来，你只要努力工作，不管运气好坏，都会得到正面奖励，从而没有后顾之忧。因此，**一个组织如果实行了末位淘汰制，能实现让每个员工"尽人事，听天命"的效果，这就是一个有效率的、公平的组织**。

与体育锦标赛不同的是，企业实行锦标赛考核，在奖励获胜者的同时，往往还要惩罚落后者。比如，扣除最后几名的奖金，甚至淘汰最后几名。通用电气公司要淘汰最后10%的员工，就是一种锦标赛。

实行末尾淘汰制有如下好处。第一，它非常简单。主管只需要比较考核对象的相对业绩，或者说排名就可以了，不需要比较具体的绝对业绩。这节约了考核成本。第二，它能挤掉运气或者霉气，真正体现每个员工的努力水平。正因为有这些优点，这些年末位淘汰制在中国企业非常流行。例如，2019年京东公开宣称，要淘汰掉10%的副总裁级别高管。但我们要慎重地提醒：流行的东西不一定是对的！**鞋子合不合脚，只有自己知道；理论合不合适，要看前提是否满足**。

别让末位淘汰变成逆向淘汰

如果末位淘汰制真的有如此神奇的效果，为什么从2015年开始，通用电气公司放弃了末位淘汰制呢？这是因为末位淘汰制有严格的前提条件，而这些前提条件在现实中往往并不满足，此时就会出现相反的效果。

第一个前提条件是，末位淘汰制的所有参与者必须起点公平。如果起点不公平，相当于外部环境不相同，此时相对绩效就无法反映真实的努力水平。举例来说，通用电气公司的医疗销售部门要对员工进行绩效考核。如果该部门有两个员工，一个是进入医疗器材销售领域五年的老员工，另一个是才工作一年的"菜鸟"。让一个资深员工和一个职场"菜鸟"按同样的业绩目标进行考核，这显然是不公平的。即便工作年限类似，员工也可能面临不同的专业背景和不同的客户群体，这可能导致两个员工不具有可比性。

起点不公平的末位淘汰制，一方面会打击弱势员工的积极性；另一方面可能导致严重的内耗。

第二个前提条件是，末位淘汰制只适用于个人业绩容易认定、不太需要多方协调的岗位。在通用电气这样的大公司里，一般来说，销售员、工程师、客户经理和投资经理，这些人的业绩主要依靠个人努力，因此业绩和个人努力之间的因果关系比较清晰。但是，还有一些重要的岗位，例如培训专员、会计师、法律顾问，这些人的业绩在很大程度上取决于其他人以及其他部门的协调程度，因此业绩和个人努力之间的因果关系并不清晰。如果对这类协调性岗位也进行末位淘汰制，那么就相当于将别人的工作风险转移到了被考核者身上，这必然导致被考核者的风险规避行为。

特别是有一类岗位的业绩不仅需要多个部门协调，而且往往是"做减法"的，比如审计师、质检员以及负责反腐败的监察专员。他们的工作越是有效，那么暴露的问题就越少，但暴露的问题越少，业绩反而显得越"差"了。显然，这类岗位不适合采取末位淘汰制。

第三个前提条件是，末位淘汰制完全忽略绝对业绩，因此不能在绝对业绩相差较大的团队之间比较。假设通用电气公司有两个能源销售团队，其中A团队的平均业绩很高，B团队的平均业绩很低。如果公司按照末位淘汰制统一规定，不论业绩好坏，每个团队都必须淘汰掉最后5%。那么，A团队的人再怎么努力，也有5%的人被淘汰，而这被淘汰的5%可能比B团队没被淘汰的员工还要优秀。于是，这5%的人只能选择离职，或者"宁做鸡头不做凤尾"，去B团队。以此类推，A团队里倒数第二个5%的人又面临被淘汰的风险，他们也会离开。最后，水平高的A团队成员全部离开，或者一开始就集体跳槽，只剩下水平差的B团队。结果，末位淘汰就变成了逆向淘汰：该走的没走，不该走的全走了。

因此，末位淘汰制作为一种比较激进的绩效考核方式，比较适合处于快速发展时期的大企业，有足够多的员工可以备选，并且员工之间具有较高的可比性。如果要在绝对水平相差较大的团队之间实行,就必须根据团队的绝对绩效制定适宜的淘汰比例,而不能对所有团队实行"一刀切"的末位淘汰比例。

放弃末位淘汰制的通用电气如何考核员工

通用电气作为一家成熟稳健的公司,已经探索了一套考核员工的多元化体系,不再依赖单纯的个人业绩比较。因此,它果断地放弃了末位淘汰制。那么,通用电气公司如何考核员工呢?

根据有关专家的调研,通用电气在2015年之后采取了一套二元考核体系。一个维度是个人业绩,另一个维度则是成长型价值观。所谓的成长型价值观,就是员工所从事的业务对公司总体发展的战略价值。两个维度都分成三种评价,从低到高依次是:有待提高、始终达到、超出预期。这样,两个维度就形成了3×3的九宫格矩阵。

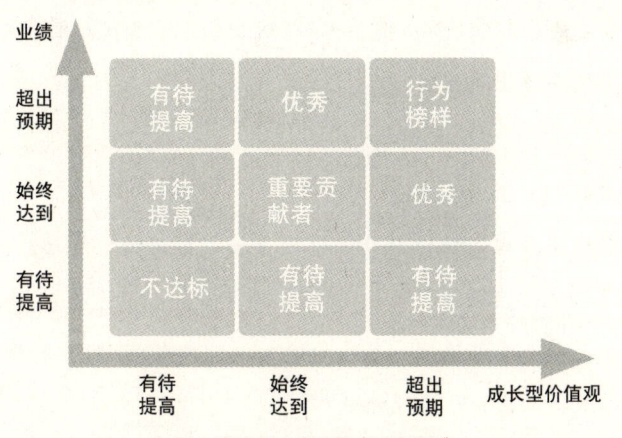

业绩 \ 成长型价值观	有待提高	始终达到	超出预期
超出预期	有待提高	优秀	行为榜样
始终达到	有待提高	重要贡献者	优秀
有待提高	不达标	有待提高	有待提高

来源:毕竞悦,《湛华商业评论》

例如，通用电气新设立了一个开发页岩气的部门，这个部门是新部门，一开始起步比较慢，业绩不太好，可能属于"有待提高"的最低档次，但是它对于公司的战略价值非常大，因此在成长型价值观这个维度上可能属于"超出预期"的最高档次。总体而言，这个部门的员工只要努力，即便业绩差，也可以得到较好的总体评价。实行两个维度九种结果的二元考核体系，使得通用电气的员工会更加注重团队合作，因为团队合作才能共同维护所属业务在公司的战略地位。此外，它给一些暂时处于落后地位的员工提供了一个缓冲地带，给予他们继续进步的机会，而不是根据短期业绩直接淘汰。

在信息不对称的前提下，实行末位淘汰制可以挤掉运气的成分，显示员工的真实努力水平。但是，末位淘汰制有严格的前提条件：员工之间必须起点一样；员工的个人业绩主要与个人努力有关，不需要太多协调；不同团队之间不能进行比较。**如果运用不当，末位淘汰就会变成逆向淘汰**。因此，一定要搞清楚末位淘汰制的前提条件，不要闹出东施效颦的笑话。

思考题

在锦标赛考核实施过程中，有可能会出现合谋。例如，某个团队都是熟人或者老同事了，大家都不想努力，也不希望破坏表面的和气，于是每个人都偷懒，然后轮流当"先进"。如果你是老板，你有什么办法防止这种合谋行为呢？

第15讲　合谋理论

老板如何防止下属欺骗？

京东是中国电商领域的巨头，但大家未必知道的是，刘强东曾经开过饭店，不过很快就倒闭了。1996年，刘强东在中国人民大学读大四的时候，用他辛辛苦苦写电脑程序赚来的24万元，盘下了人大旁边的一家高档餐厅。作为老板，刘强东对餐厅员工非常优待，还给每个人买了一块手表。但是，8个月之后餐厅就倒闭了。原来，负责收银的小姑娘和大厨谈恋爱了，他们俩合谋起来欺骗老板。后厨一方面高价采购食材；另一方面低报销售流水，前台收银帮忙做假账掩盖，饭店不倒闭才怪。这次创业让刘强东赔了20多万元，在20世纪90年代这绝对是一笔巨款，当时北京市每月平均工资才800元。如何防范下属合谋欺骗老板，不止是刘强东的失败教训，也是天下老板共同的心病。这一讲，我们就来谈谈合谋问题。

什么是合谋呢？用契约理论的话来说，就是多个下属利用信息不对称联合起来欺骗老板或上级。我们在上一讲介绍了团队生产中的个人绩效考核问题，没有涉及员工之间的合谋。然而，合谋在现实中普遍存在。例如，你和小伙伴一起抄作业，这是合谋；你在停车场交费的时候，告诉管理员少收十块钱，不要发票，这是合谋；企业在投标时事先商量好让某人低价中标，这种"围标""串标"的行为是合谋；几个大企业联合起来操纵价格，这是合谋；官商勾结进行利益输送，这也是合谋。而我们重点讨论老板如何防范组织内部的合谋。

经济学家如何研究合谋？

20世纪80年代，法国经济学家拉丰（Jean-Jacques Laffont）和梯若尔引入信息不对称的思路，构建了一个组织内部合谋的分析框架，从而开创了合谋理论的先河。梯若尔后来单独获得了2014年诺贝尔经济学奖。如果拉丰不是在2004年因病去世，那么他肯定能和梯若尔一起共享诺贝尔奖。

拉丰认为，合谋是组织设计的核心问题。为什么这么说呢？因为合谋会导致所有的激励机制失效，让老板变成瞎子。就好比刘强东的饭店，前台负责收银，大厨负责采购，一进一出就可以核实开支、计算利润，但是他们一旦合谋，再好的财务制度也会变成一张废纸，再赚钱的饭店也会亏损倒闭。

拉丰和梯若尔是怎么分析合谋现象的呢？我简要介绍一下他们

的分析框架。假设有三个人,一个是老板,一个是作为监督者的主管,一个是底层员工。通常老板和员工之间存在信息不对称,此时老板会安排一个主管来监督员工。监督者在向老板汇报情况的同时,实际上也垄断了老板的信息渠道。如果员工损害了老板的利益,然后收买监督者,监督者向老板隐瞒情况,此时监督者和员工就算合谋了。

以刘强东的饭店为例。刘强东作为老板,但他不可能天天在饭店里看着,因为当时他的主营业务是在中关村卖光盘。在他的饭店里,前台收银的小姑娘就相当于监督者,负责核对大厨每天的进货和销售收入。如果小姑娘如实记账,刘强东很容易知道大厨是不是存在高价采购拿回扣和瞒报销售收入等道德风险行为。但不巧的是,作为监督者的小姑娘和作为员工的大厨谈恋爱了,他们俩现在成为利益共同体了,于是合谋起来欺骗刘强东。

防范合谋方法之一:激励政策

作为老板,有哪些办法可以防范合谋呢?首先要明确一个思路,既然合谋主要是因为监督者和员工结成了利益联盟,那么防范合谋的办法就是瓦解他们的利益联盟。

有三种防范合谋的办法。

第一种办法是激励政策,就是老板拿钱收买监督者。比如,公司的采购员拿了10万元回扣,他给部门主管送了1万元,主管对采购员拿回扣的行为假装不知道,这就形成了一种合谋。为了防止这种情况,老板可以给主管额外发 1 万元奖金,这样主管就不会参与合谋了。看上去这很简单,但是细心的人马上会发现一个"悖论":如果老板用来收买主管的金钱低于主管的合谋收入,就达不到防范合谋的目的;如果刚好等于主管的合谋收入,那主管凭什么拒绝合谋呢?其实这里忽略了一个关键点:合谋是一种灰色或者违法行为。按法律规定,公司内部的贪污或职务侵占行为是可以坐牢的,因此合谋收入要扣除一定比例的风险成本,这个比例就是合谋的交易费用。这个交易费用的存在,可以让老板和主管的利益都得到改善。假设主管收了采购员 1 万元,有 50% 的概率被发现,一旦被发现就会被解雇甚至坐牢,那么主管得到的合谋期望收入不超过 5000 元,而不是 1 万元。因此,理论上老板只要给主管 5000 元,主管就不会参与合谋,而且说不定还会主动揭发采购员的违规行为。因此,老板最终用 1 万元收买了主管,避免了 10 万元的合谋损失,而主管额外得到了 5000 元的"忠诚"奖励。可见,老板通过激励政策防范合谋,不能光给钱,还必须配套威慑政策。威慑越严厉,合谋的交易费用就越高,防范合谋的成本就越低。这就是"左手胡萝卜,右手拿大棒"。

第二种防范合谋的办法是分权政策。监督者之所以能够与员工合谋,就是因为监督者是老板唯一的信息来源,权力太大了。权力大,又缺乏监督或制衡,当然就容易出现合谋或者腐败。因此,第二种办法是对监督者分权,把他一个人的权力分解到多个人,破除监督者的权力垄断。

假设你想注销一个企业，你肯定希望一个部门一道手续就办完。但是你想过没有，如果一个部门就有权注销一家企业，那么一些企业主通过贿赂该部门的某个办事员，就可以通过恶意注销企业来逃避债务或者偷税漏税，这就使得合谋很容易发生。为了提高合谋成本，必须将注销企业这种重大事项的权力分散到多个部门、多道手续。现实中注销一个企业的流程通常包括：1. 到媒体刊登注销声明；2. 到社保局注销社保；3. 到税务局注销税务；4. 到工商局注销营业执照；5. 到银行注销账户；6. 最后到公安局注销印章。这套程序看上去有点烦琐，但极大地提高了企业主与办事员合谋的成本。毕竟，收买一个部门容易，收买这么多部门几乎不可能。这也启示我们：**某些官僚程序虽然降低了办事效率，但是减少了合谋现象，这是一种次优方案。** 当然了，在能够防范合谋的前提下，我们还是希望办事手续越少越好。

在现实中，还有另一种分权政策，就是老板再找一个监督者，并且让两个监督者相互隔离，这样可以对监督者的合谋企图形成一种威慑。例如，董事会除了让公司内部的审计部门进行年终审计，还可以聘请外部审计机构。一旦发现两个机构的审计结果不一样，就很容易发现内部审计机构与管理层的合谋行为。

第三种防范合谋的办法是瓦解政策。为了瓦解监督者与员工的利益联盟，老板往往安排自己的亲信担任监督者，或者在员工中培养"自己人"。通俗地说，就是在对手阵营里"掺沙子"，不让他们抱团。其实，刘强东在接手那家饭店之前，原先的老板是让自己的小姨子负责前台收银。小姨子跟老板的夫人是姐妹,这样既可以防止员工合谋,还能防止老板自己搞"小金库",可谓"一箭双雕"。正因为小姨子有这样的双重功效,很多小企业都是安排小姨子来做会计或者出纳。这一传统智慧背后,也有缜密的经济学逻辑。

有时防范合谋不如默许合谋

前面介绍了三种防范合谋的策略,但其实不是所有的合谋行为都值得防范。对于老板来说,不管是激励政策、分权政策还是瓦解政策,本质上都是一个逻辑:通过支付金钱让监督者对自己说真话。因此,减少信息不对称是有代价的,关键是这个代价是否值得。如果老板防范合谋的成本超过了合谋的损失,那么还不如默许合谋。

清朝雍正年间,官员几乎人人贪腐,防不胜防。此时,雍正皇帝设立了"养廉银",就是在官员的工资之外,再支付一笔办公经费,这笔费用最多的相当于工资的100倍。例如,一个正二品的巡抚(相当于省长),一年的工资只有区区155两白银(约合今天的7万元),但是一年的养廉银最多高达1.5万两白银(约合今天的675万元)。不过,这不仅仅是工资,还包括了办公经费。与此同时,雍正皇帝严厉查处贪腐。通俗地说,养廉银的作用是"开前门",而查处贪腐是"堵后门",两者相互配合、缺一不可。在当时,养廉银提高了官员的公务支出,减少了官员贪污的行为。现在新加坡实行的"高薪养廉",其实就是养廉银的现代翻版。

合谋就是多个员工合作，利用信息不对称损害老板的利益。作为老板，可以通过激励、分权以及瓦解三种政策来防范合谋。但同时需要注意的是，当防范合谋的成本太高时，不如允许合谋。俗话说，"水至清则无鱼，人至察则无徒"。作为老板，既要知道放水养鱼，又要懂得撒网捕鱼，但绝不能竭泽而渔。

思考题

请你搜索一下新能源汽车骗取补贴的新闻，用这一讲介绍的合谋理论来分析新能源汽车骗补现象，并思考有什么合理的解决方案。

第16讲 公司治理II

集权好还是分权好？

集权一定优于分权吗？

世界上所有的组织——政府、企业和非营利组织，一旦做大，都会面临一个共同的治理难题：应该实行集权管理还是分权管理？所谓集权，就是一切重大决策都由总部说了算，每个地区或者行业的分部主要是执行总部的决定。反过来，分权就是每个分部在自己所管辖的地区或者行业内，拥有重大决策权。

传统观点认为，分权优于集权。首先，分权能够减少信息不对称，因为决策者可以离市场或现场更近，更了解具体情况。其次，分权能促进竞争。由于居民或企业都能够"用脚投票"，因此每个分部都会为了留住"客户"而竞争。但是在集权情况下就没有这种动力了，因为每个分部都是对总部负责，而不是对本地区的居民或企业负责。

总之，不管是实务界还是学术界，分权优于集权似乎成为一种"共识"。

然而，以企业为例，既有成功的分权企业，也有成功的集权企业。中国社会科学院的一份研究报告发现：在"《财富》世界500强"企业中，实行分权模式的企业有430家，占总数的86%；实行集权模式的企业有70家，占14%。美国企业更倾向于分权，而日本企业更倾向于集权。在中国，华为、京东都是典型的集权企业，但运营绩效都很好。

集权好还是分权好，显然并没有一个标准答案，也不存在一个"放之四海而皆准"的组织治理模式。因此，正确的问题应该是：什么情况下集权更好，什么情况下分权更好？对于这种问题，似乎每个人都可以找到一堆理由来论证，但未必抓住了重点。**公说公有理，婆说婆有理；究竟谁有理，关键看逻辑；逻辑要自洽，关键是框架。**因此，我要给大家介绍一个简洁的分析框架。有了这个框架，我们不仅能抓住关键因素，而且可以在外部形势发生变化时"以不变应万变"，根据实际情况准确判断应该集权还是分权。

一个不完全契约分析框架

这个框架是哈佛大学经济学教授阿庚和诺贝尔经济学奖得主梯若尔在一篇经典论文中提出的，这篇经典论文1997年发表于世《政治经济学期刊》(*JPE*)。阿庚教授著作等身，被认为是诺贝尔经济学奖的有力竞争者之一。

假设总公司要在河北、江西和广西三个地方挑选一个地方设立分公司。老板和下属都可以花费时间和精力去现场调研，然后根据调研反馈来选择分公司所在地。如果有一套非常完善的选址方案，那么大家根据方案直接确定就行了，因为连老板都没有选择权，也就不存在集权和分权的问题了。但问题是，在真实世界中，很多事情往往没有标准答案。究竟哪个地方更适合作为分公司，取决于很多因素，其中一些因素（例如文化传统、商业氛围）难以标准化，没法写进契约里。因此，对于老板和下属来说，分公司的选址方案其实是一种不完全契约。在不完全契约下，集权还是分权，或者说谁拥有最终决策权，就显得非常重要。

首先考虑集权。老板亲自去收集信息，同时命令下属也去收集信息，然后由老板根据双方收集的信息挑选分公司所在地。集权管理的好处是，老板亲自付出努力并做出最终决策，所以可以确保分公司的选址能够体现老板的利益最大化。但集权管理的坏处是，因为下属没有决策权，收集了信息也不一定有用，所以下属没有足够的积极性去努力，这可能会遗漏重要信息。

然后考虑分权。此时，老板授权给下属，由下属收集信息，然后推荐给老板。由于老板自己缺乏信息，因此通常会直接批准。分权管理的好处是，下属工作很积极，努力水平很高。因为下属可以在分公司选址上，顺带满足某种私人利益。比如说，这个下属刚好是江西人，那么即便河北比江西更适合作为分公司所在地，下属仍然向老板强烈推荐江西而不是河北，并提供看上去很"充分"的理由。

这样，他可以安排一些江西老乡担任分公司管理人员，甚至可以安排分公司跟老家江西的亲戚朋友做生意。像这种帮公家做事的同时顺带谋取私人利益的情况，很难被证明是"以权谋私"。哪怕老板和下属双方对此心知肚明，老板也很难向第三方（比如法院）证明下属。此时，第三方信息不对称导致了老板和下属之间的契约是一种不完全契约。正因为下属的"私心"无法被证实，所以才导致了分权的坏处：下属可能选择对自己最有利，但是对老板未必最有利的方案，也就是说控制权的下放在一定程度上会损害老板的利益。经济学将这种损失称为"控制权损失"。损失的程度取决于老板和下属在多大程度上是利益一致的。如果两者利益完全一致，下属就没有私心，那么就不存在控制权损失。

为什么家族企业通常传给儿女？

不同的权力安排，会导致不同的结果。诺贝尔经济学奖得主哈特认为，**因为我们生活在一个不完全契约的世界里，所以才需要权威或者权力**。那究竟应该集权还是分权呢？请记住我们在书中反复强调的一句话，"两害相权取其轻，两利相权取其重"。

基于集权和分权的成本—收益分析，阿庚教授得出了两个重要结论。第一个结论是，如果老板和下属的利益完全一致，那么分权总是优于集权。因为此时，分权会提高下属的努力积极性，同时因为利益一致，又不会带来任何控制权损失。这个结论可以解释家族企业的接班人选择。当代中国家族企业的创始人在当下的年龄基本上在六十岁左右，他们绝大部分都将控制权传给了自己的儿女，而不是传给职业经理人。例如，万向集团、魏桥集团、俏江南、碧桂园这些赫赫有名的家族企业，最终都由儿女接班成为掌门人。因为对老板来说，儿女跟自己的根本利益是一致的，而职业经理人虽然可能更能干，但万一有野心或异心，自己辛苦创立的企业就可能毁于一旦。

在现实中，老板和下属利益完全一致的情况毕竟是少数，通常是两者利益存在一定程度的分歧。那怎么办呢？阿庚教授的第二个结论是，如果老板和下属之间存在利益分歧，那么老板应该在分权带来的积极性增加和控制权损失两者之间权衡取舍。换句话说，如果分权带来的好处超过了坏处，那么分权就是最优的，否则集权是最优的。

那怎么判断分权的好处是否更多呢？有两种情况。第一种情况是，信息不对称越严重，组织就越是倾向于分权。因为越是信息不对称，老板就越是需要发挥下属的积极性去收集信息，此时调动下属的积极性比两者之间的利益分歧更重要。毕竟，在缺乏信息时进行集权管理，可能导致错误的决策，搞不好公司要关门。第二种情况是，技术创新越快的领域，组织就越是倾向于分权。因为技术创新需要比较自由的发挥空间，需要及时跟踪前沿动态并对市场做出快速反应，否则就会失败。

当然，老板在实行分权管理并调动下属积极性的同时，还可以采取一些手段提高老板和下属的利益相关度,这样分权的优势会更明显。常用的手段是,老板任命一个副总兼任分部负责人,这样副总就会同时考虑老板和分部的利益,而不会一屁股坐到分部那边去。

著名培训机构新东方集团的组织架构变革,就印证了这个分析框架。新东方创立之初,急需扩大市场、站稳脚跟,因此为了调动各地分支机构的积极性,采取了分权管理模式。新东方下属的20多个学校根据地域划分为四个大区,相当于四个横向板块,每个板块的负责人以集团副总的身份管理几所学校,总部不干预学校的具体运营。在经历了野蛮生长并巩固了市场主导地位之后,新东方管理层认识到必须维护统一的品牌价值,防止学校之间恶性竞争;同时,在引入了信息管理系统之后,新东方总部和每个学校之间的信息不对称程度大为减少,此时减少控制权损失比发挥分支机构积极性更重要。因此,2003年新东方集团从分权管理变成了集权管理。集团将所有业务分成三大纵向系统——短期语言培训系统、职能部门、校外产业,原来横向板块的权力被现在垂直的职能部门取代。

如何将分权落到实处?

在集权—分权问题上,其实更困难的问题不是做出从集权到分权的决策,而是真正兑现分权的承诺。既然权力是自上而下分配的,上级可以给下级分权,也可以随时收回权力。下级预见到分权的承诺不可信,就会减少努力水平,从而出现激励扭曲。举个例子:有些公司的老板本来给下属授权了，但是又事必躬亲，甚至越级指挥。这样会导致下属失去积极性，并且在职员面前失去尊严。职员会想，既然老板什么都要管，干脆你什么都干好了。

那么，有什么办法让老板（或上级）做出的分权决策是一种可信承诺呢？第一种办法是上级主动限制自己获取信息。例如，企业可以明确禁止越级汇报，规定部门经理只能向总监汇报，总监只能向副总汇报，然后副总向董事长汇报。董事长因为没有具体信息，他就无法越级干预下属的具体决策。第二种办法是明确界定权力边界。例如，海底捞董事长张勇规定，100万以下的财务支出他一概不管，由副总以及大区经理负责。有了这条清晰的规则，就确保了副总和大区经理的决策自主权，他们也更有积极性去收集信息和做出决策。

集权或分权作为一种治理手段，不存在绝对的优劣。如果老板和下属利益一致，那么分权是最优的。"打虎亲兄弟，上阵父子兵"，这句谚语背后有它的经济学逻辑，那就是上下级的利益要确保一致。如果老板和下属的利益不一致，最优的权力安排要在分权带来的积极性增加和控制权损失两者之间权衡取舍。

思考题

2019年1月，华为将阿根廷、哥斯达黎加两个海外代表处升级为本地系统集成公司，给予自主经营、自主分配薪酬和奖金的权力。请结合中美关系的大环境，解释华为从集权到分权的转变。

第三章

企业和市场的经济学分析

第17讲 交易成本

为什么组织内部不能随便引入竞争机制?

海尔的"人单合一"

这一讲的开始,我先来讲讲海尔集团的"人单合一"案例。海尔是中国工业领域的明星企业,它的管理模式曾经被哈佛商学院收入案例库。海尔集团董事局主席兼首席执行官张瑞敏,将海尔的管理模式总结为"人单合一"。这里的"人"是员工,"单"是指客户订单。那什么是"人单合一"呢?从契约关系的角度讲,就是把企业变成一个市场。一方面,员工之间不再是同事关系,而是客户关系。生产流程上不同环节的员工之间,不是按照上级命令供货和收单,而是模拟市场进行交易,按成本最小化的原则购买产品或服务。另一方面,每个员工都是一个CEO,都拥有决策权、用人权、薪酬权。简单地概括,"人单合一"就是要把每个员工都变成老板,把传统的企业变成一个去中心化、市场化的创业大平台。

海尔的"人单合一"管理模式，在本质上是企业内部模仿市场机制。虽然这一模式引起了国内外的广泛关注，甚至进入了哈佛商学院课堂，但是我认为"人单合一"管理模式并不适合大规模推广，因为它在某些方面违背了契约理论的基本逻辑。你可能觉得我在危言耸听，那么下面我将解释：为什么企业不能模仿市场，为什么组织内部引入完全市场化的竞争机制之后，有可能适得其反。我相信你看完之后，会有自己的判断。

为什么企业不能模仿市场？

诺贝尔经济学奖得主科斯开创了交易成本经济学。他在1937年的经典论文《企业的本质》（"The Nature of the Firm"）中指出，企业的本质是对市场的替代。具体来说，企业通过权威或命令机制取代市场的价格机制，可以节省一些"交易成本"，这些交易成本通常包括事前的信息搜寻成本、事中的谈判成本以及事后的契约实施成本。

那么问题来了，企业凭什么能够比市场更节约交易成本呢？我觉得至少有两个原因。

第一个原因是，企业用一种中心化的交易网络取代了市场的分散化交易。假如生产一台冰箱有10个流程，每个流程有1家企业。如果通过市场的方式来生产一台冰箱，那么每家企业都要和其他9家企业分别谈判并签订合同，才能生产出一台完整的冰箱来。算下来，通过市场的方式生产10台冰箱，所有的企业两两之间都要签合同，这样至少需要签订90份合同（也就是10×9=90）。但是，如果通过企业来组织生产，只需要其中1家企业（比如总装厂）和其他9家企业统一签订合同就行了，这样总共只需要签订18份合同（也就是9×2=18）。在这里，企业之所以能够比市场大大节约交易成本，就是因为企业用一个"中心签约人"模式取代了市场上的分散交易模式。

如果你理解了上述逻辑的话，你会发现海尔的"人单合一"模式存在一个明显的悖论：**如果海尔通过模拟市场就能节约更多交易成本的话，那么海尔作为一家企业就没有存在的价值。**各位脑补一下这样的画面。在海尔内部要生产一台冰箱，按照"人单合一"的理念，每个生产流程的员工，都需要和上下游环节的员工进行讨价还价，甚至还需要到外部市场上去搜寻更多的供应商。这跟无数个中小企业在市场上讨价还价有什么分别呢？海尔作为一家企业，它承担的"中心签约人"的作用在哪里体现呢？

更麻烦的问题是，由于市场本身可以加总来自全国各地乃至世界各地的需求，因此具有很明显的规模经济，或者说市场大规模生产一件产品的成本，通常要比企业生产一件产品的成本要更低。假如在海尔内部，生产压缩机的车间报价比市场平均价格高一些，那么按照"人单合一"的规定，负责制冷系统的车间就可以拒绝购买。请问，此时生产压缩机的原材料成本由谁来承担？这个车间的工人工资由谁来发放？如果是由员工自负盈亏，那员工还不如自己去创业。话说回来，如果每个员工都能自己创业当老板，谁还来当一个普通员工呢？

第二个原因是，企业内的契约通常都是不完全契约，这种契约通过市场实施的交易成本很高，而通过企业来实施的交易成本相对更低。仍然以冰箱为例。假设海尔的研发部门想开发一种更环保、更安全的制冷系统。大家知道，研发具有很大的不确定性，我们没法规定哪个研发思路是对的，哪天新产品必须出厂，也没法准确预知新产品的研发过程中需要多少种原材料、需要多少次测试、需要花费多少金钱。此外，研发部门还必须和市场部门协调，了解市场的需求前景；和生产车间协调，了解技术上的可行性；和原材料采购部协调，了解成本控制的区间。这些部门协调的内容，都是原则性的，要么无法准确描述，要么无法向第三方证实。一旦发生纠纷，只能依靠双方谈判，而无法依靠法院判决。如果海尔总部和研发部门之间签订一份研发新制冷系统的契约，显然这样一份契约一定是高度不完全的契约。所谓不完全契约，就是因为人是有限理性的，没法预测到未来所有可能的情况，或者契约的一些关键内容没法向第三方证实。关键是，这样的不完全契约无法通过市场化的机制来实施。

比如，海尔总部规定产品研发成功了再付钱，那么研发部门可能几年都没法发工资了，那谁还敢做研发呢？如果研发部门和市场部、生产车间以及采购部都是市场关系，那其他部门肯定没有激励配合研发部门，除非每一次测试，每一次调研，甚至每一次开会协调，都要付钱。这样的事情发生在一个企业内部当然无法想象。因此，涉及研发业务的这类不完全契约，不能通过市场来实施，只能通过企业来实施。企业必须对研发部门负责人充分授权，允许他试错，并且利用自上而下的权威提供部门协调机制以及充裕的研发经费，然后综合考虑研发努力程度和产出水平支付报酬，而不是根据事后结果支付报酬。

除了研发，凡是涉及企业核心竞争力或核心机密的业务，例如工业设计、内部晋升、合同管理、客户关系，其实都是不完全契约，因此这些业务从来不会外包给市场来做。总之，企业是用一套权威或命令机制来取代市场的讨价还价机制，才能成功实施这类不完全契约。当然，企业这样做也是有成本的。虽然通过命令的方式可以节约当事人之间讨价还价的成本，但是内部组织的管理本身也是一种成本。一旦企业规模变大了，内部管理的成本就会不断上升，甚至超过市场上讨价还价的成本。此时，企业就没有优势，就会被市场替代。

正是因为企业和市场各有各的比较优势，并且对应的契约性质不同，所以诺贝尔经济学奖得主威廉姆森指出，企业和市场是两种不同类型的治理结构，彼此之间不能串换，企业不能模仿市场机制。

政府和军队也是一种治理结构

其实，海尔并非是在企业内部模仿市场机制的"始作俑者"。30多年前，河北一家国有钢铁企业就在企业内部引入市场机制，实行"模拟市场核算，实行成本否决"的经营机制，形成"千斤重担人人挑，人人肩上有指标"的责任体系。这一创新机制一度被奉为典型。但是，这家钢铁企业后来被别人兼并了，它现在的净利润率还不到1%，经济效益并不算好。

在一个计划经济色彩比较浓重的国有企业，引入一定程度的市场机制，确实有利于调动职工的积极性，从而扭亏为盈。对此我并不怀疑。但是，今天的国有企业和民营企业，它们已经在改革开放之后经历了四十多年的市场经济磨炼，早已是一个市场化主体了。在这种情况下，企业内部再模拟市场机制，显然有点过度市场化了，反而失去了企业本来的价值。因此，我认为，在企业内部大规模模仿市场机制的做法，在今天这个时代并不具有大规模推广的意义，也许还会适得其反。

有趣的是，威廉姆森并没有止步于企业和市场的两分法，而是进一步将所有组织区分市场、混合组织、企业和官僚组织四种组织形态。这里的"混合组织"包括企业联盟、特许经营、供应商网络等介于企业和市场之间的组织形态，官僚组织包括政府和军队。在威廉姆森看来，经济社会中所有的交易都可以看作是一种契约，不同的契约对应于不同的治理结构，不管是市场、企业，还是政府、军队，本质上都是一种治理结构。从激励的角度讲，市场是一个极端：激励强度很大，一次性交易为主，市场主体完全平等；而军队则是另一个极端：实行固定工资为主的薪酬体系，内部重复发生关系，上下级之间存在严格的等级体系。企业、混合组织和政府介于市场和军队两者之间。更重要的是，不同的治理结构——不管是企业、市场还是政府，都有一套自洽的激励体系，彼此之间不能串换。把军队的严格等级体系照搬到企业里，固然有利于加强企业内部的控制，但是也遏制了企业的活力。反过来，把市场上灵活的奖励机制完全复制到政府内部，要求公务员去自己跑业务、拿提成，将会导致严重的腐败和寻租行为。

企业和市场是两种不同的治理结构，企业通过权威或命令机制来配置资源，而市场通过价格机制来配置资源。两种组织就是两种契约，代表两套不同的激励体系，**市场不能模仿企业，企业也不能模仿市场**。正如西方的一句名言："让上帝的归上帝，让恺撒的归恺撒。"

思考题

湖南某地对居民楼编号进行拍卖，谁出的钱多，谁就优先选择"吉祥"号码，比如68号、88号。有关部门称这种行为是"引入市场化机制"。请问你如何看待这种行为？

第18讲 动态逆向选择II

为什么垄断企业要主动降价？

科斯猜想

1965年，世界上第一台传真机上市了，售价高达500美元。但仅仅几年之后，传真机的生产厂家就把新机器的价格断崖式地降到了100美元左右。从当初的500美元，直接降到约100美元，价格下降了近80%，为什么会这样呢？

在我们生活中，很少有产品会这么大幅度地降价。当然了，这种大幅降价的现象，对消费者来说肯定是好事。但是，对生产者来说，绝对不是好事。因为价格越低，销售额和利润一般来说就越低，企业很可能赚不到钱。因此，如果你是企业主，或者产品销售主管，你就得小心：防止企业的产品出现"自杀式定价""跳楼式甩卖"。在激烈的市场竞争中，定价是非常重要的战略，决定了企业的生死存亡。因此，这一讲对企业管理者来说非常重要。

有意思的是，针对这种大幅降价的现象，诺贝尔经济学奖得主科斯曾在1972年提出过一个非常大胆的猜想：销售耐用品的垄断厂商，如果不能限制自己的产量，那么它将不得不以边际成本定价，这就是著名的"科斯猜想"。

所谓的边际成本，就是企业每多生产一单位产品需要额外付出的成本，大家可以简单地理解为平均成本。根据经济学原理，对企业来说，以垄断价格销售产品才能实现最高利润，而按边际成本定价只能获得零利润，因为价格和成本刚好抵消。因此，世界上没有一个企业愿意将产品按边际成本出售。那么问题来了，一个已经取得了垄断地位的厂商，为什么要放弃高额的垄断利润，只按边际成本定价呢？这实在是很奇怪的事情。

而我们这本书的口号就是"透过契约，理解世界"。要想理解这个问题，我们首先需要理解，对于传真机这类耐用品来说，垄断厂商和消费者之间的买卖关系，在本质上是一种重复博弈的契约关系。垄断厂商向消费者出售产品之后，消费者也可以在二手市场上不断出售或购买，这意味着垄断厂商和消费者之间变成了重复博弈的竞争关系。请注意，竞争关系也是一种契约关系。相反，对于快消品来说，消费者用完商品之后，双方的买卖关系就彻底结束了，因此消费者就跟厂商没有任何契约关系，它是一次性博弈。因为博弈结构不同，所以博弈结果也不相同。这是我们理解耐用品市场博弈关系的起点。

一旦我们把垄断厂商和消费者之间的关系看作是重复博弈关系，

"科斯猜想"就不难理解了。我们以传真机的故事为例。假设传真机的生产厂商对传真机的生产销售都是垄断的。在博弈的第一期，传真机厂商向消费者出售了传真机。到了博弈的第二期以及之后的第三期或者第四期，部分消费者可以在二手市场上出售旧的传真机，此时二手传真机与厂商的新传真机就逐步形成了竞争关系。

请注意一个特征：对于传真机这类耐用品而言，二手耐用品如果损耗很小，品质很高，它就跟新产品差不多，但是价格却更低。于是，为了与旧产品争夺市场，垄断厂商必须降低价格，放弃垄断定价。比如从过去的 500 美元降低到 400 美元。如果二手市场上的卖家越来越多，那么新旧产品之间的竞争就会越来越激烈。此时，厂商不得不将新产品的价格从 400 美元进一步降低到 200 美元。当竞争足够激烈时，厂商的垄断地位消失了，它变成了一个完全竞争市场上的厂商，此时它就不得不将新产品的价格降低到边际成本，从而最终获得近似于零的利润。而且，耐用品的损耗越小，或者二手市场上的替代品越多，垄断厂商的降价速度就越快。在极端情况下，不用等到第三期或者第四期，垄断厂商甚至在第二期就将新产品的价格一步降到完全竞争市场的价格。

你可能会问，垄断企业没有别的选择吗？很遗憾，没有！同样一台传真机，如果新旧产品差不多，你不降价，对手会降价。如果卖家越来越多，竞争越来越激烈，厂商除了不断降价，没有别的办法。这就是供求决定价格的基本原理。

因此，科斯猜想可以解答我们在开头提到的问题。由于耐用品的二手货与新产品形成了一种竞争关系，所以**垄断厂商每生产一件耐用品，就相当于为自己培养了一个未来的"掘墓人"**。

iPhone为什么要不断更新换代？

我们再来看看苹果公司的案例。iPhone 手机是苹果公司创始人乔布斯打造的核心产品，也是世界上最畅销的手机之一。从 2007 年发布第一代 iPhone，到 2019 年发布第十三代 iPhone，每一年苹果公司都会发布新的 iPhone 手机。我的一个朋友非常聪明，他说 iPhone 这么贵，我有点舍不得，我打算等 iPhone 11 上市之后再去买 iPhone 6，那一定非常便宜！听上去他的想法不错。遗憾的是，等到 iPhone 11 上市之后，他根本就买不到 iPhone 6。朋友对此非常困惑，为什么新产品上市后，就买不到旧产品了？

背后的原因就是科斯猜想。苹果公司为了减少新产品和旧产品之间的直接竞争关系，避免自己跟自己打价格战，一方面不断地将产品升级换代，增加一些功能——比如说手机屏幕变大一点，摄像头的像素提高一点，又或者增加人脸识别功能，总之就是要想尽办法使得新产品与旧产品看上去不是同一种商品，这样新产品又可以收取垄断价格了。同时，为了进一步减少新、旧产品之间的竞争关系，垄断厂商在新产品上市之前，还会将上一代产品回收或者直接退市。这就可以解释为什么 iPhone 要不断地更新换代，以及 iPhone 11 上市后买不到 iPhone 6。

讲到这里，似乎问题都解决了：就是因为垄断厂商的新产品会跟旧产品竞争，所以不得不逐步降价。但是事情好像不是这么简单。第一，按照科斯猜想的逻辑，如果垄断厂商要避免新、旧产品之间形成竞争关系，应该逐步减少产量，保持"供不应求"的局面。那么在多期博弈之后，垄断厂商难道会将产量逐步降到零吗？这显然不符合现实。以 iPhone 为例，苹果公司的官方数据显示，2008 年 iPhone 的全球销量是 1700 万部，此后几年一直保持稳步增长，这几年销量都在 4000 万部左右，不仅没有逐步减少，而且扩大了好几倍。第二，科斯猜想没有考虑消费者的类型。实际上，消费者是分层的，有些是高端消费者，有些是低端消费者，他们对于新产品的需求和价格承受力并不相同，这反过来影响了垄断厂商的定价和产量。

一个动态逆向选择模型

显然，为了让理论更贴近现实，经济学家需要考虑生产者的策略以及消费者的类型。1988 年，当时在麻省理工学院工作的两位数理经济学大师哈特教授和梯若尔教授在科斯猜想的基础上进一步拓展，构造了一个动态逆向选择模型，他们的合作文章发表在《经济研究评论》上。后来，哈特教授和梯若尔教授分别于 2016 年和 2014 年获得了诺贝尔经济学奖。两位诺奖得主的文章，数学模型相当复杂，下面，我将用浅显易懂的语言，深入浅出地介绍背后的逻辑和结论。

我这里介绍的场景，在现实中很多企业都会遇到。假设耐用品市场上有一个垄断厂商，它就是苹果公司，要在某个地区销售iPhone手机。为了简便，假设当地的消费者只有一种类型，他们要么是有钱的高端消费者，要么是普通的低端消费者。消费者当然知道自己的类型，但苹果公司不知道。因此，在交易之前双方存在信息不对称，这是一个逆向选择问题。又假设苹果公司和消费者之间的博弈持续两期，这就变成了一个动态逆向选择问题，而不是简单的静态问题。现在的关键问题是，如果你是苹果公司的CEO，你应该怎么制定最优价格，以便实现两期的总利润最大化呢？

理论上，苹果公司有三种定价策略。

第一种策略是，制定一个面对低端消费者的低价，比如说每部iPhone只卖4000元。这可以保证所有产品都卖出去，但错过了高端消费者，利润是最低的，显然不是最优策略。

第二种策略是，苹果公司在第一期制定一个面对高端消费者的高价，比如说9000元，如果第一期没有卖出去，说明面对的消费者很可能是低端消费者，于是第二期将价格调整为低价4000元。看上去这是一种完美的方案。事实上，大家也经常这么干：先喊一个高价，如果顾客没有购买，再喊一个低价。但是从博弈论的角度看，这并不是最优的。为什么呢？因为如果高端消费者预见到这点，他们就会在第一期拒绝购买，然后到第二期坐等苹果公司降价。通过推迟购买，高端消费者通过低价购买占了便宜，但是苹果公司却减少了利润，因为它本来是可以卖高价的。

第三种策略是，苹果公司在第一期制定一个高价，在第二期随机选择高价或低价。所谓"随机",就是第二期苹果公司既有可能继续实行高价,也可能降价,但消费者无法预测。博弈论将这种策略称为"混合策略",就是通过不同策略的混合,使得对手没有办法摸清自己的套路,这样才可能在博弈中占据优势。此时,如果高端消费者在第一期拒绝购买,在第二期他们仍然有可能面对高价,而推迟购买就意味着推迟消费,对消费者来说这是一种损失,因此他们很可能在第一期就以高价购买了。如果消费者都是低端类型,那么他们在第一期当然买不起。在第二期,苹果公司以一定的概率从高价降为低价,此时苹果公司依然可以从低端消费者身上赚到钱。总之,在这种混合策略下,苹果公司无论如何都能挣到钱。

别让消费者猜到你的定价策略

哈特和梯若尔证明,如果垄断厂商在第二期能够承诺随机定价,绝不直接降价,那么当高端消费者的比例足够高时(比如超过50%),第三种混合定价策略是最优的。在这种策略下,垄断厂商没有必要减少产量,这就可以解释 iPhone 手机产量和价格都在增加的反常现象。事实上,苹果公司采取的定价策略真的就是混合策略。不知道大家有没有发现,从 iPhone 4 到 iPhone 11,苹果公司在推出新产品时,定价完全没有规律。有时新一代 iPhone 的价格比上一代更高,有时价格却更低,而且同一代 iPhone 手机还分成了多种型号和档次,让消费者对新产品的价格完全无法预测。这就导致高端消费者无法从降价中套利，只能出一款就立即买一款。

可惜，不是所有垄断厂商都像苹果公司这样有定力。一旦垄断厂商发现第一期没有卖出去，它很可能直接降价，而不是随机定价，毕竟库存和现金回收的压力很大。但这样一来，高端消费者就不会在第一期以高价买入，而是在第二期以低价买入。与其如此，垄断厂商还不如一开始就低价销售，这就回到了科斯猜想。

动态逆向选择模型告诉我们什么有用的道理呢？首先，生产耐用品的垄断厂商不能让自己的产品成为自己的竞争对手，而要尽可能地实现新旧产品的差别化。其次，在动态博弈中，承诺问题是关键。面对市场波动，多数厂商通常无法承诺绝不降价，能够死扛的厂商才能最终挣到大钱。总之，在耐用品市场上，如果垄断厂商可以抵制短期降价的诱惑，它就可能在长期中赚到更多利润。因此，**做企业跟做人一样，要学会"熬"。我们不仅要重视智商、情商，还要提高"熬商"**。

思考题

2016年年底，万科公司以超过100亿元的价格获得了北京市海淀区一处土地的使用权。万科表示，房子建好之后，将只租不卖，开发商变成大房东。请结合二手房对新房的竞争关系，解释开发商什么情况下应该卖房子，什么时候应该只租不卖呢？

第19讲　产权理论

为什么70%的企业并购会失败？

一个经典的并购案例

在企业经营过程中，并购被认为是企业扩张最重要的手段之一。因为相对于自己逐步做大，通过兼并、收购或者合并已有企业，一个企业可以迅速扩大规模，或者进入一个新的领域，占领更多市场份额。然而，世界著名的管理咨询公司麦肯锡发布的一份研究报告发现，世界上70%的企业并购都以失败告终。例如，中国TCL公司并购法国阿尔卡特公司的手机业务，结果双方的合资公司解体了；上汽集团并购韩国双龙汽车公司，结果双龙破产了；中国平安集团并购欧洲金融机构富通集团，结果富通倒闭了。这样的并购失败案例可以说比比皆是。既然并购是企业扩张的最重要手段之一，那么为什么大部分企业并购都以失败告终呢？那些成功的并购又有什么规律吗？与管理学对并购的解读不同，我们将从产权理论的角度讲讲背后的经济学逻辑。

美国哈佛大学教授哈特及其合作者建立了一个经济学理论，叫产权理论。产权理论的主要结论是，只有互补的业务才应该合并，而相似业务合并很可能会失败。为了让大家更好地理解产权理论对企业并购的指导意义，我就先从一个经典的企业并购案例开始讲起。在哈特教授1995年的著作《企业、合同与财务结构》(*Firms, Contracts and Financial Structure*)里，专门讨论了这个经典案例。

美国通用汽车公司是世界上最大的汽车公司之一。1919年，通用汽车公司和它的供应商费雪车身公司签订了一份为期10年的契约。契约规定，通用汽车将所有的封闭式金属车身业务外包给费雪公司，价格是成本加17.6%的利润。这是一种典型的成本加成契约，目的是保证供应商不会亏损，而且可以得到一定比例的利润。但是这种成本加成契约对通用汽车来说，成本越高，利润就越低。几年后，市场对通用汽车的需求急剧增加。因此，为了降低生产成本，通用汽车要求费雪公司在自己公司附近建造一个新的工厂，这样可以节约运输成本和协调成本。但是，费雪公司拒绝了。为了解决这个工厂选址问题，通用汽车只能在1926年，也就是10年合同期还没满的情况下，将费雪公司完全收购。

这个案例有三个关键点。第一，通用汽车和费雪公司之间的契约是一个典型的不完全契约。什么是不完全契约呢？顾名思义，就是契约没有包含双方在所有情况下的权利和义务。因为通用汽车和费雪公司在签约时，根本不可能预料到 10 年合同期内的各种不确定性，包括需求的大幅增长和双方的争议，而且发生争议时很多合同的细节无法向第三方证实。比如，也许费雪公司认为，自己已经尽力降低成本了，为什么还要搬迁呢？但这些细节没法向作为第三方的法院或者仲裁机构证实。因此，就算去法院打官司，结果也很难预料。这就好比夫妻双方闹离婚，任何一方要证明"感情破裂"，都是一件很麻烦的事情。通常来说，期限越长的契约，越有可能是不完全契约，从而出现的漏洞就越多。

第二，这份契约具有高度的资产专用性特征。费雪公司作为通用汽车的唯一车身供应商，必须根据通用汽车的专门需求布置生产流水线，也就是为通用汽车量身定制车身，这就需要费雪公司付出一定的固定成本。而且，一旦更换了合作伙伴，这笔固定成本就变成了沉没成本——钱就打了水漂了。经济学把这种投资属性叫作资产专用性。另一方面，通用汽车长期依赖费雪公司的产品，并为此投入了很多资源。因此，一旦通用汽车与费雪公司分手，短期内也难以找到合适的替代供应商，这也是一种资产专用性。资产专用性会产生"锁定"效应，因为任何一方毁约都会导致巨大的沉没成本和经济损失。

第三，难以避免的敲竹杠问题。如果一份契约只是不完全契约，但没有资产专用性，那么买卖双方在出现争议时可以再谈判，大不了毁约走人，不会带来额外损失。但是，如果契约是不完全的，并且一方或者双方的投资具有资产专用性，那么此时一方就可以利用合同的漏洞来要挟对方,从而损害对方的利益,这就是所谓的"敲竹杠"(hold up)。从通用汽车的角度来说,当汽车需求急剧增加时,为了降低成本,缩短交货时间,它肯定希望供应商在自己附近建厂,但是费雪公司拒绝了。且通用汽车短期内又无法找到其他供应商,因此费雪公司的做法,就是一种变相的敲竹杠行为,目的是逼迫通用汽车提高外包价格。反过来想,费雪公司为什么不愿意搬到通用汽车附近呢?因为一旦搬过去了,费雪公司的工厂就彻底变成了专用性资产,对通用汽车的依赖性就是百分之百了。一旦通用汽车要求它降低价格,费雪公司就毫无谈判力。正是因为预见到了被通用汽车敲竹杠的风险,费雪公司才拒绝搬迁。从这个案例中,我们可以发现,一旦在不完全契约下出现了敲竹杠问题,我们很难从道德上去谴责谁,因为每一方都可能向对方敲竹杠。这也提醒大家,当我们用理性的经济学方法分析商业纠纷或者契约冲突时,不要先验地假定谁是"弱势群体",而去施以道德同情。

了解了这个经典案例的前因后果之后,我们来讨论三个关键问题。

只有并购能解决问题

第一个问题是,既然双方有争议,那么双方可以"和平分手"吗?

不能。因为通用汽车和费雪公司的交易不仅是一份不完全契约,而且双方都为此进行了资产专用性投资,导致本来是自由交易的双方现在被锁定到了一种双边垄断关系中。任何一方的退出,都会给自己以及对方带来巨大的沉没成本和经济损失。也就是说，即便是双方维持不愉快的合作，也比彻底撕破脸要更好。这就是两害相权取其轻。因此，虽然双方之间发生了冲突，但是不排除双方会采取某种方式继续合作。在博弈的过程中，既斗争又合作，甚至以斗争求合作的事情，实在是司空见惯了。说到这里，也要提醒大家：不到万不得已，别跟对方撕破脸死磕，那是真正的双输结果。对于通用汽车和费雪公司来说，此时唯一的办法就是一方并购另一方，两个企业变成一个企业，管理学叫并购，产权理论叫"一体化"。也就是说，一体化是一种产权形式的变更。

那么，为什么并购或者一体化才能解决双方的矛盾呢？因为，并购之前，通用汽车和费雪公司是两家企业，是平等的市场主体，谁也不能命令谁，因此出现不完全契约时难以解决协调问题。在不完全契约的情形下，契约本身的条款无法为解决双方矛盾提供帮助。但是，两家企业合并为一家企业之后，并购方就变成了被并购方的老板或上级。而并购的本质，就是两个企业从市场上的平行关系变成企业内的上下级关系。根据前文介绍的交易成本经济学，在企业内部，企业主可以利用命令或权威机制来替代市场的价格机制，从而节约市场的交易费用。通用汽车并购了费雪公司之后，就不用再跟费雪公司讨价还价了，可以直接命令费雪公司立即搬迁，否则就解雇费雪公司的高管团队，换一个听话的高管团队。这样一来，在搬迁工厂这个问题上，双方就不会有矛盾了。

谁并购谁

第二个问题是，谁应该并购谁？

如果说并购是解决不完全契约问题的最后方法，那么关键问题是：谁是并购方，谁是被并购方。这就触及了产权理论的核心问题。经济学家经常说，产权是最重要的激励工具，产权为什么重要呢？因为双方遇到合同没有规定的情况出现时，拥有产权的一方拥有最终决定权，他有权决定做什么和不做什么。通俗地说，你的财产你做主，这符合法律规定。如果通用汽车和费雪公司签订的契约是一份完全契约，每一方都根据契约规定行使权利和履行义务，那么就不存在谁命令谁的问题了，因此不需要产权。相反，在不完全契约下，产权就是最终决定权。那么，这个最终决定权有什么用呢？

面对敲竹杠的行为，双方需要重新对利益分配进行谈判，比如说提高并购价格，或者想办法降低生产成本，这都会影响双方当事人的切身利益。这种再谈判，实际上是一种双方之间的零和博弈。由于产权所有者拥有最终决定权，他在谈判过程中就拥有更多的谈判力，万一谈不拢，他还可以带着资产去找别人合作，而没有产权的一方就不能这么做。既然产权所有者在"分蛋糕"时可以给自己多分一点，那么得到产权的一方投资激励会更强。这里说的投资，既包括物质资本投资，也包括人力资本投资。反过来，失去产权的一方就缺乏谈判力，在"分蛋糕"时就要少分一点，投资激励会更弱。于是我们推导出产权理论的核心观点：**产权是一把双刃剑，拥**

有产权的一方会增加投资激励,但是失去产权的一方会减少投资激励。因此,最优的产权安排必须在两者之间权衡取舍。

既然产权只能安排给双方中的一方,从社会最优的角度讲,显然应该把产权安排给投资重要的一方。道理非常直观:投资重要的一方得到了产权,他投资的激励提高了,社会总福利也提高了,而失去产权对投资不重要的一方并没有太大的损失。这也是一种"两害相权取其轻"。在这个经典案例中,通用汽车的投资相对更重要。因为通用汽车是整车生产企业,能否降低成本不仅涉及每年几十万甚至几百万辆汽车的交付,而且涉及上下游几千家关联企业。相对而言,费雪公司的搬迁只是涉及个别企业的少数生产环节,经济损失相对较小。因此,由通用汽车兼并费雪公司是一种最优选择。

什么样的并购是有效率的?

第三个问题是,什么样的并购是有效率的呢?

虽然并购是解决不完全契约下敲竹杠问题的最后办法,但并非所有的并购都是有效率的。根据产权理论,两个业务互补的企业应该并购,而两个业务相似的企业不应该并购。背后的道理也非常直观。业务互补的企业并购后,不管哪一方获得产权,都能提高并购者投资的激励,这是对双方有利的安排。对被并购者来说,既然双方资产是互补的,那么单方面也很难产生合作收益,还不如成全其中一方,因此它不会有额外损失。相反,没有互补业务的双方或者业务相似的双方并购后,获得产权的一方未必会增加投资的激励,但失去产权的一方肯定会减少投资的激励,因此总体上降低了效率。

2012年,全球最大的社交网络Facebook(脸书)以10亿美元并购了Instagram(图片分享社交应用),因为后者提供的照片分享软件与前者的社交平台是互补的。这是一次成功的并购。

产权理论不仅可以分析企业的并购,还可以分析所有机构的合并,包括大学。20年前,北京大学与北京医科大学合并,因为两者是互补的,所以是有效的合并。而多年来备受关注的南京大学和东南大学合并、天津大学和南开大学合并一直没有推进,除了合并后的名字不好取,主要原因是两者办学内容相似,合并不会带来效率的改进。

所以,企业之所以要并购,一个重要原因是需要解决合作过程中的协调问题以及避免敲竹杠问题,而解决问题的最终办法是产权。从社会最优的角度讲,应该将产权安排给投资重要的一方,由它来并购另一方。同时,也要记住,产权是一把"双刃剑",不是所有的合并都是好的。一个根本原则就是,两个互补的机构应该合并,两个相似的机构不应该合并。

思考题

请你运用这一讲学到的知识,来思考一下为什么亚马逊公司并购中国卓越网失败了?

第20讲　关系契约

加盟店与直营店哪种扩张模式更好？

关系契约理论

　　麦当劳是全世界最大的连锁餐厅，海底捞是中国最大的连锁餐厅。一个是世界第一，一个是中国第一，虽然两者都是第一，但是两者的扩张模式却截然相反。据统计，麦当劳在全世界有将近4万家门店，90%都是加盟店。相反，海底捞的500家门店都是直营店，没有一个加盟店。打个简单的比方，加盟店相当于"雇佣军"，而直营店相当于"嫡系部队"。那么，为什么麦当劳的扩张主要采取加盟店模式，而海底捞采取直营店模式呢，究竟哪种模式更好呢？针对这个问题，同样是公说公有理，婆说婆有理；究竟谁有理，关键看逻辑；逻辑要自洽，关键是框架。下面，我要给大家介绍的分析框架是关系契约理论，它会带给你不一样的理解视角。

什么是关系契约呢？简单地说，关系契约（relational contract）就是依靠长期关系维持的契约。例如，企业老板和员工的雇佣契约，一般都要持续好几年；又比如前文介绍的通用汽车和费雪公司之间的10年契约，以及两个企业、两个国家之间的长期合作契约。因此，关系契约是一种长期契约，而现实中有很多契约是短期契约。比如，你在淘宝上买东西，买完之后双方再也不联系了，这就是一次性的短期契约，不是关系契约。

从博弈论的角度来说，普通契约大多是一次性博弈，或者博弈次数较少，而关系契约是重复博弈。在长期契约中，因为人的有限理性，人们无法预料到未来所有可能的情况，并且把这些情况写进契约里，或者有些合同条款无法向第三方证实，这就导致契约是不完全的，从而容易发生敲竹杠问题。既然关系契约也是一种长期契约，那么它的契约也是不完全的，会面临敲竹杠问题。

在现实中，关系契约有很多表现形式，而加盟店模式和直营店模式正好对应于关系契约的两种主要模式。因此，对连锁企业来说，选择什么样的扩张模式，表面上看是企业主选择总部与分店之间博弈关系，本质上却是选择最优关系契约的问题。一旦我们把所有的组织形式看作一种契约关系，我们就看到了问题的本质，抓住了问题的关键。对于契约关系而言，关键的关键就是我们多次提及的信息不对称问题。其实，所有的组织管理问题，很大程度上都是努力解决信息不对称问题。因此，作为一个企业管理者，不能只懂管理学，而不懂经济学。因为管理学教会的是你怎么解决具体问题，而经济学是给你一套系统思维。

加盟店模式vs.直营店模式

首先，我们来明确一下什么是加盟店模式和直营店模式。一般来说，全世界的连锁店模式主要就是这两种模式。在加盟店模式下，总部向每个分店收取一笔固定的加盟费或者特许经营费，然后定期从分店的营业收入中提取一定比例（比如5%）的服务费或者管理费。总部还会要求分店在房屋装修、服务流程、管理制度、原料或产品配送方面遵守统一标准。从契约的角度讲，总部和每个加盟店的关系近似于两个平行主体的市场关系，分店拥有自己的产权，在内部管理、人员招聘和投资等方面拥有很大的自主权。打个比方来说，加盟店模式就是一种联邦模式，总部和分店的关系是联邦政府和州政府的关系。就像在美国的联邦体制下，美国总统无权任命州长，但州长必须服从联邦的法律。

但总部和分店的契约关系并非短期的一次性契约，而是一种长期的关系契约，也是一种不完全契约。在总部和分店的契约中，有一部分是可以向第三方（比如法院）证实的条款，例如统一商标和装修风格。还有一部分内容是难以向第三方证实的条款，例如分店的真实利润或者营业收入。分店可以通过"做账"来隐瞒真实的利润水平或营业收入，这样可以给总部少交钱。又比如品牌维护。总部为了维护统一的品牌，肯定需要投入很多资源，但这些投入本身以及投入的效果是很难向别人证实的。这种第三方信息不对称导致了不完全契约,从而使得双方难以通过法院来执行这种契约。根据我们前面介绍的"产权理论",当出现不完全契约时,拥有产权的一方拥有最终控制权,并且拥有更多的谈判力。这意味着,一旦出现纠纷或争执,并且法院作为第三方难以证实的情况下,分店作为自己产权的所有者,处于相对强势地位,而总部处于相对弱势地位。这也意味着,相比于总部,分店更有可能违约或者实施敲竹杠行为。

举例来说,假设总部和分店在双方合同中约定,如果分店每年的利润增长率超过30%,总部向分店收取的服务费就从5%提高到8%。但分店可以通过操纵会计科目隐藏利润,从而拒绝支付更高的服务费。这种利用合同漏洞的违约行为,就是分店对总部实行的敲竹杠行为。当然,在现实中,面对有漏洞的合同或者不完全契约,当事人并不总是违约,而是要权衡违约的成本和收益哪个更大。如果违约的成本高于收益,那么当事人就会遵守契约,这正是关系契约得以维持的根本原因。就好比说,人们之所以在大部分时候比较讲道德,并非是因为大家的道德水平都很高,而是因为面对法律惩罚或者对方的报复,不讲道德的成本往往高于收益。说白了,在经济学看来,道德本质上是一种权衡利害的结果。

之前,我们在介绍"交易成本"的知识时,比较了市场和企业的差异。概括起来就是一句话:市场的激励强度比企业大,但是市场的协调能力比企业差。再结合前面讲到的产权作用,我们可以归纳出加盟店模式的优点和缺点。优点是:因为加盟店是产权所有者,激励强度很高，所以有动力做大做强，这导致连锁店扩张速度很快。缺点是：因为总部和分店之间是市场关系，不是上下级关系，协调能力较差，所以总部对分店的服务或产品质量标准难以严格控制，并且分店有更多的违约行为。

再来看直营店模式。在直营店模式下，总部拥有分店的产权，决定了分店的选址、装修、投资、服务或产品标准，并且有权任命分店的高管。分店在扣除了必要的运营成本和生产成本之后，利润主要上交给总部，只留下一部分奖励分店职工。从契约的角度讲，总部和分店是企业内的上下级关系，而不再是市场上的平行关系，这是直营店模式和加盟店模式的根本区别。

直营店模式的优点是：总部对分店的纵向控制能力很强，服务或产品质量标准容易把控。缺点是：因为分店只能获得很少的利润，所以激励强度较弱，扩张速度较慢，并且总部有更多的违约诱惑。例如，总部可以找个借口，减少给分店的利润留成，或者在成本上拼命挤压分店。总而言之，加盟店模式的优点就是直营店模式的缺点，而加盟店模式的缺点就是直营店模式的优点。

哪种模式更合适

回到开始的问题，加盟店模式和直营店模式，哪种更好呢？关系契约理论认为，这主要取决于产品或服务的性质。**如果连锁店经营的产品是标准化的，不太担心产品质量控制，那么加盟店模式是**

最优的。因为对于标准化产品而言，加盟店模式快速扩张的优势可以充分发挥，而它在质量控制方面的缺陷又得以避免。从另一个方面讲，产权理论认为，投资重要的一方应该拥有产权。对于提供标准化产品的连锁店来说，为了实现规模经济，数量扩张比质量控制更加重要，因此分店拥有产权比总部拥有产权更好。

但是请注意，在加盟店模式下，拥有产权的分店在契约不完全时有更多的违约诱惑，因此在签订契约时要设置一些条款防止分店侵占总部的权益。以企业老板和工人之间的劳动契约为例，他们之间就是一种关系契约。老板拥有产权，有更多的违约诱惑，而工人处于相对弱势地位，因此劳动合同类的法律条款有一些条款是倾向于保护工人利益的。例如，如果工人要离职，只需要提前一个月告知老板，而如果老板要解雇工人，就需要满足一些前提条件并且给予足够的补偿。

反之，**如果连锁店经营的产品是非标准化的，质量控制比数量扩张更加重要，那么直营店模式就是最优的**。此时，总部拥有分店的产权，并且对分店实行严格的质量控制。当然，在直营店模式下，总部有更多的违约诱惑，因此契约必须对分店的权益有更多保护条款。

现实中企业怎样选择关系契约

有趣的是，上述理论推演与现实完全一致。麦当劳作为一种西式快餐，是完全标准化的食品。以炸薯条为例，从土豆的种类、大小、重量,到薯条的大小、油的温度、配料的比例以及存放时间,全都有统一的规定。一个完全不会做饭的实习生,培训两周后也可以独立操作机器并炸出标准的麦当劳薯条。这就是标准的力量。对麦当劳来说,产品的质量控制不是问题,问题是如何快速占领市场,尤其是在中国市场上与老对手肯德基竞争。既然数量扩张比质量控制更重要,那么加盟店模式就是最优的,此时分店拥有自己的产权。与此同时,麦当劳规定加盟店必须投入足够的现金(例如200万元),而不能全部使用贷款。这就提高了加盟店的违约成本,减少了加盟店的道德风险行为。

与麦当劳的情况完全相反,海底捞经营的火锅,是一种典型的中餐,而中餐的主要特点就是产品难以标准化。

海底捞凭什么能够在激烈竞争的中餐连锁店市场成为全国第一呢?凭的是它独特的优质服务。因此如何确保统一、优质服务就是海底捞的关键问题,也就是说服务质量控制比门店数量增加更加重要,因此海底捞采取了直营店模式,总部拥有分店的产权。同时,为了保护分店的积极性,海底捞规定店长一律从内部提拔,而不是从总部"空降"。

其实,不管是加盟店模式还是直营店模式,都是市场理性选择的结果,本身并不存在孰优孰劣,关键是开店的老板要明白产品的性质和战略定位。请注意,我们讨论的连锁店模式不仅仅适用于餐饮店,也适用于所有的连锁店模式,例如手机专卖店、服装和家用电器连锁店。

我们还可以用关系契约理论来分析农业产业组织。举个例子，广东温氏集团是亚洲最大的养鸡企业。温氏集团在早期发展阶段，数量扩张比质量控制更重要，因此采取了流行的"龙头企业＋农户"模式。在这种模式下，农户自己养鸡，然后卖给温氏集团，这就相当于加盟店模式。后来，温氏集团更加强调品牌战略，此时质量控制比数量扩张更重要，因此温氏集团采取了"龙头企业＋农场"模式，将独立的农户变成了企业的雇员，这就相当于直营店模式。温氏集团在不同的发展阶段采取了不同的扩张模式，完全符合关系契约理论的预测。

因此，加盟店模式和直营店模式都是一种关系契约，前者近似于市场关系，后者近似于企业内上下级关系。当分店的数量扩张比产品的质量控制更重要时，加盟店模式是最优的；当产品的质量控制比分店数量扩张更重要时，直营店模式是最优的。对于企业而言，不存在包打天下的通用模式，适合自己的模式才是最好的模式。

思考题

2017 年，麦当劳将其在中国内地和香港的业务以 20 亿美元的价格，出售给中国中信集团与美国凯雷投资集团，中信集团成为麦当劳中国公司的控股股东。请分析一下，中信集团控股之后，中国的麦当劳是否会改变其推行多年的加盟店模式？

第21讲　参照点理论

"损人"到底能不能"利己"？

一个烟草契约的故事

任何一门学科都有一些基本假设。经济学的最基本假设是理性人。所谓的理性人，就是总是追求自身利益最大化，只做有利于自身经济利益的事情，决不会做损害自身经济利益的事情。但这产生了一个悖论：如何解释现实中那么多"损人不利己"的行为呢？比如说，张三辱骂李四，引起李四仇恨，这对张三并没有任何物质上的好处；王五和赵六两人合伙做生意，本来两人可以挣100万元，但因为分配方案谈不拢，张三宁可自己不挣钱，也不想让李四挣钱。中国古代有很多成语形容这类行为，例如"鱼死网破""同归于尽"。其实从经济学的角度讲，这些行为都是非理性的选择。那么，经济学如何解释"损人不利己"的行为呢？下面，我们就来谈谈这个问题。

我们先从一个调研中听到的故事。云南是中国最大的烟草种植基地。由于烟草种植必须连片，所以政府会指定某个地区的烟农与烟草公司签订收购合同，将烤烟以合同价卖给烟草公司，这就是流行的"龙头企业+农户"模式。有一年烟草歉收了，烟草供不应求，按说烟草的收购价格应该更高才对，但当年的合同价明显低于上一年的收购价，而且烟草公司不同意提价。烟农觉得很不公平，但又只能把烤烟卖给烟草公司，因为烟草收购是垄断的。于是，烟农在烘烤烟叶时，故意将一些烟叶烤焦。烟农这样做并不会增加自己的收入，但这是烟农对烟草公司表达愤怒的一种方式。又有一年，烟草丰收了，烟草供过于求，本来应该降价，但是当年的合同价明显高于去年的价格。此时，烟草公司希望降价，但是烟农不同意。于是，烟草公司很不满意，故意拖延付款时间。

在这个故事中，先是烟农，然后是烟草公司，在履行契约的过程中采取了某种"损人不利己"的投机行为，这是为什么呢？

参照点理论

为了解释这些看上去非理性的行为，半个世纪以来，经济学家逐步建立了一门新的经济学分支——行为经济学。行为经济学不同于我们在教科书上学习的主流经济学，它用"社会人"假设取代了"理性人"假设，认为人是一种社会动物，不仅在乎经济利益，而且在乎公平、正义、尊严等社会情感。而且，行为经济学可以解释很多主流经济学难以解释的行为，例如人们为什么会过度自信，为什么会根据小样本决策，为什么会"患得患失"？

2002年和2017年，行为经济学家两次获得了诺贝尔经济学奖，这说明行为经济学逐渐得到了主流经济学界的认可。对于行为经济学家来说，这是非常重大的突破。因为，在2000年之前，人们总是认为行为经济学有点"离经叛道"，不是主流，甚至有点像异端学说。

有意思的是，哈佛大学教授哈特本来是一个标准的主流经济学家，但2008年之后他也转向行为经济学。通过引入行为经济学视角，哈特不仅重新定义了"契约"，而且为大量存在的"损人不利己"现象提供了一个合理的解释。

哈特认为，契约是一种"参照点"（reference point）。签约之后，如果当事人认为自己得到了契约当初规定的权利或利益，或者说他得到了公平对待，那么他就会按照契约的实质精神，好好配合对方履行契约；如果当事人认为自己没有得到契约当初规定的权利或利益，或者说没有得到公平对待，那么他就会采取一些"投机"（shade）行为，包括背后捣乱、推卸责任、敷衍了事甚至报复对方。报复是所有投机行为中最严重的一种。**行为经济学认为，让对方遭受损失能够在某种程度上弥补自己的心理损失。也就是说，"损人"某种程度上是"利己"的**，这也符合人类的情感：有时候你看对方不顺眼，跟对方吵了一架，立马觉得自己出了一口恶气，感觉好多了。不是吗？

哈特教授对契约的理解，刷新了我们的认知框架。主流经济学认为，契约是双方之间关于权利和义务的约定。一旦某个条款写入契约了，不管对方是否履约，自己都应该履约，而且接受最终结果。这就是所谓的"契约精神"。这个说法固然没错，但是它没有考虑人们的心理感受，从而难以解释公平、平等这些人们非常看重的价值观念。而在参照点理论看来，当事人并不是机械地履行契约，而是根据自己的心理感受来决定履约的方式，并影响履约的结果。如果说，主流经济学将契约看作一根"绳子"，用来约束当事人的行为，那么行为经济学则将契约看作一把"尺子"，用来衡量当事人的公平感受。

关于损人不利己行为的三个问题

在烟草公司与烟农的收购案例中，双方都有损人不利己的行为，与哈特的参照点理论预测完全一致。不过，从参照点理论的逻辑来看，对于这些损人不利己的行为，我们还有一些疑问需要解释。

第一个疑问是，当事人的报复行为是不是违法违规行为？如果是，那么对方就可以采取法律手段保护自己，并且惩罚当事人，这样报复行为就不会发生了。而有意思的地方就在于，当事人之间的契约是一个不完全契约，合同中有一些条款是无法向第三方证实的。因此当事人如果觉得不公平，完全可以利用合同的漏洞来报复对方，但又让对方抓不到把柄。这其实就是我们在前文里讲过的"敲竹杠"行为。在云南烟草的故事里，烟农将烟叶烤焦了，烟草公司很难说烟农是故意的，或者烟叶就不合格了。虽然最上等的烤烟是金黄色的，但合同不可能规定什么是"金黄色"，法院也无法鉴别。说白了，有些事情双方是心知肚明的，但就是无法向第三方证实，这就属于第三方信息不对称。类似地，烟草公司延迟付款，烟农也不能去法院告烟草公司违约，因为烟草收购合同根本就不会规定具体的付款时间。烟草种植和收购依赖于天气，而天气是无法在一年前预测并写入合同的，所以合同中不会规定精确的收购和付款时间。

第二个疑问是，什么情况下当事人更有可能报复对方？我们在生活和工作中经常会遇到很多不公平的事情，但并不是每次都去报复对方。中国古代的成语很有意思，一方面教人"以牙还牙""针锋相对"；另一方面又教人"守时待机""韬光养晦"，听上去自相矛盾，其实是一种传统智慧。参照点理论认为，当遭遇不公平对待时，当事人报复对方的程度主要取决于相对实力。如果一方实力更强，更有能力伤害对方，那么他就会施加更多的伤害，直到这种伤害完全抵消他的心理损失。因此，对于受到不公平对待的当事人来说，如果实力具备，那就直接"以牙还牙"；如果实力还不充分，那就只好"守时待机"。

在日常生活中，媒体经常呼吁大家照顾"弱势群体"，但其实所谓的"弱势群体"有时却是一个伪概念，因为强弱是相对而言的。烟草丰收时，烟草供过于求，所以烟农是弱势群体，但烟草歉收时，烟农又成了强势群体。**作为有经济学思维的人，我们千万不能被道**

德冲昏了头脑，而应该从利益的角度看穿对方，这样才能理性地分析问题，否则就只会陷入无休止的口水战中。

第三个疑问是，契约是不是总是具有参照点功能？换句话说，在什么情况下签订的契约，具有标尺一样的参照功能呢？为了搞清楚这个问题，哈特教授与合作者在瑞士的苏黎世大学和苏黎世理工学院招募52个大学生，不包括经济学或心理学专业的学生，然后将他们随机地分成两组：一组是买者，一组是卖者，然后让他们模拟了5轮买卖物品的实验，其中卖者可以决定给买者提供高质量的产品，也可以提供低质量的产品。研究者发现：如果契约是在完全竞争市场上签署的，那么契约就具有参照点的功能。因为完全竞争市场是一种对双方都公平的环境，没有人被强迫参与契约。进一步发现，在事前公平的环境下，双方不在乎契约条款本身，而在乎契约履行的结果。换句话说，只要事前的签约环境是公平的，即便契约条款本身"不公平"，双方也会照章执行。"愿赌服输"说的就是这个意思。相反，如果契约不是在公平竞争的环境下签署的，比如说价格是政策制定者规定的，而不是市场自发形成的，那么契约就不具有参照点的功能，从而契约中那些不可证实的条款就难以保证被履行。

在云南烟草案例中，烟草种植区域是由政府指定的，并且烟草公司是垄断的，双方都不是自愿选择的。也就是说，烟草公司和烟农之间的签约环境一开始就不是一个完全竞争市场，这就为双方的不公平感受以及投机行为埋下了伏笔。

重新理解"契约精神"

其实，参照点理论不仅能够解释"损人不利己"的现象，还能从新的角度解释很多相关现象。

首先，参照点理论关于缔约环境的分析，有助于我们重新理解所谓的"契约精神"。很多人批评现在社会上缺乏契约精神，意思就是不遵守约定，经常背信弃义。但是，很多人可能忽略了签订契约的前提条件。中国古代有一个成语叫"城下之盟"，意思是一个国家利用武力强迫另一个国家签订不平等的条约，这样的条约往往不会被后者遵守。根据参照点理论，在不公平前提下签署的契约，不具备参照点的功能，受到胁迫的当事人当然就不会严格遵守契约的实质精神，违约也就在所难免了。因此，当我们批评别人缺乏契约精神时，首先要考虑签约行为本身是不是公平的。

其次，参照点理论关于投机行为的分析，有助于我们重新理解人际关系的冷暖。中国古代还有一句成语，"共患难易，同富贵难"。为什么人们能够历尽艰辛一起创业，却很难一起享受荣华富贵呢？根据参照点理论，只有在公平的环境下缔结的契约，并且各方实力相当，这样的契约才能长期维持。在患难时期，创业者彼此之间的结交是在充分竞争的环境下形成的，相当于在事前公平的环境下缔结了共同创业的隐性契约。

关键是，创业初期各方的实力比较均衡，没有人能轻易地损人利己，否则大家都要完蛋。也就是说，在创业时期违约的机会成本很高，得不偿失。但是创业成功之后，创业团队成员之间的实力差距就逐渐拉大，尤其是主要创始人拥有了和其他创业团队成员之间不对称的权威或权力。面对事业成功，创业团队成员很容易高估自己的贡献，低估别人的贡献，从而认为自己遭受了不公平待遇。主要创始人认为，对照当初创业时的契约，自己付出太多，拿得太少，而其他创业成员也会这么认为。还有一点，在事业成功之后，相对于创业初期，斗争带来的好处会更多，权力的价值会更大。因此创业团队成员之间经常会采取不可证实的手段相互捣乱、拆台、内斗，比如举报别人偷税漏税、挪用公款、做假账，最终往往是两败俱伤。我们在研究企业创业案例时发现，成功创业并且稳定发展的企业，最后几乎都是只留下主要创始人，其他创业团队成员都退出了管理层。例如，著名火锅店海底捞在公司上市之前，创始人张勇铁腕夺取了绝对控股权，并且将所有创业成员请出公司。

主流经济学无法解释"损人不利己"的行为，但是在行为经济学看来，如果当事人觉得不公平，那么"损人"某种程度上是一种"利己"行为。根据参照点理论，**事前的公平环境加事后的实力均衡，才能成就和谐的契约关系**。当我们强调"契约精神"时，不能只问结果，不问过程。

思考题

根据你的了解，哪些契约关系中存在着损人不利己的行为，导致这样行为的原因又是什么？

第22讲　双边信息不对称

为什么双方都挣钱的生意却做不成？

施乐并购惠普失败

在企业发展过程中，并购是企业最重要的经营策略之一。在前文介绍产权理论时，我告诉大家，全世界大约70%的企业并购都是失败的。根据产权理论，只有互补的业务才应该合并。在这一讲，我们从另一个角度来分析并购失败的原因。在大量失败的并购案例中，大约有三分之一是因为双方的并购价格没谈拢。

我们来看一个近期的并购案例。2019年11月，著名跨国公司施乐向另一家跨国公司惠普提出并购要约，第一次报价为335亿美元，被惠普拒绝。2020年2月，施乐将并购报价提高到350亿美元，再次被惠普拒绝。惠普为什么拒绝并购呢？惠普董事会主席伯格（Chip Bergh）认为，这一并购价格一方面低估了惠普的价值；另一方面让施乐占了太多的便宜。

从业务上看，施乐是全球最大的办公设备生产商，而惠普是全球最大的IT（信息技术）企业之一，办公设备和信息技术应该是高度互补的业务。也就是说，施乐和惠普的合并，完全符合产权理论的预测，本来是皆大欢喜的双赢局面，但为什么双方都能挣钱的生意却做不成呢？表面上看是价格谈不拢，实质问题是信息不对称。

我们先考虑一种最理想的情况：双方都是信息对称的。假设在施乐并购惠普这个案例中，施乐并购惠普带来的收益是400亿美元，惠普的真实价值是360亿美元。不管是施乐的收益还是惠普的价值，对双方都是透明的、公开的。在这种情况下，只要把并购价格确定在360亿到400亿之间——比如说380亿，双方一定能顺利达成交易。因为双方都能挣到钱，而且挣到的钱还一样多，利润都是20亿。显然，在信息对称情况下，交易双方只要有利可图，总是可以达成有效率的交易。这个结果，就是经济学中最著名的"科斯定理"。

无效率定理

科斯定理虽然很强大，但问题是，双方信息对称的情况毕竟只是理想情况，更普遍的情况是双方之间存在信息不对称。在前文我们假设的是只有一方拥有私人信息，另一方没有，这是单边信息不对称。而现在我们要分析稍微复杂一点的情形，双方都拥有私人信息，因此每一方掌握的信息对另一方来说都是不对称的，这就是双边信息不对称。

提出双边信息不对称模型的经济学家是芝加哥大学教授梅尔森（Roger Myerson）及其合作者，梅尔森后来成为2007年三位诺贝尔经济学奖获得者之一。根据双边信息不对称模型，如果双方都拥有私人信息，那么本来能够挣钱的生意反而做不成。这个结论有点出乎意料，怎么会这样呢？

我们再回到施乐并购惠普的案例。现在假设施乐知道并购带来的额外收益是400亿美元，但是惠普不知道。反过来，惠普知道自己公司的真实价值是360亿美元，但是施乐不知道。在这个案例中，不管是施乐还是惠普，每一方都拥有对方不知道的私人信息，而且这种信息对于双方交易来说又是非常重要的，这就是双边信息不对称。

在双边信息不对称的情形下，我们来推测一下，并购谈判会出现什么情况呢？

对施乐来说，作为并购方，它的谈判策略是尽可能压低并购价格，因此它必须隐瞒自己的真实收益。比如，施乐对惠普说，这次并购对施乐带来的收益只有340亿美元，因此并购价格不能超过340亿，比如说可以是335亿（这正是施乐第一次的出价）。如果施乐如实向惠普透露并购的价值为400亿，等于透露了自己的底牌，那么施乐在谈判中就会完全处于被动地位。因为在之后的谈判中，施乐就没法再提价了，再提就买亏了。关键是，在双边信息不对称情形下，即便施乐如实披露自己的并购收益，对方也不一定相信。

另一方面，对惠普来说，作为被并购方，它的谈判策略是尽可能提高并购价格，所以它必须夸大自己的价值。比如，惠普对施乐说，惠普公司的真实价值是 410 亿美元，因此并购价格不能低于 410 亿。

于是，在这场并购谈判中，收购方施乐报价不超过 340 亿，被并购方惠普要价 410 亿。买方的出价低于卖方的要价，谈判崩溃，并购失败。和前面介绍的信息对称的理想情况对比，我们发现，双边信息不对称会导致本来有利可图的交易以失败告终。

可能有人会问，公司的价值有第三方评估，如果双方都以第三方评估为依据，不就消除了信息不对称吗？事情没有这么简单。对于一个老牌跨国公司来说，公司的固定资产、股票价值都可以客观评估，但是公司的商标、专利等无形资产却无法客观评估，只能是一种主观评估。而且，对企业并购来说，重要的不是被并购企业在并购之前的价值是多少，而是考虑到双方的业务互补性之后，被并购企业在并购之后能带来多少价值。任何一个第三方评估机构，都不可能准确地评估并购之后的价值，因为这取决于双方的企业文化整合、业务互补性以及市场行情等一系列不确定的因素。

让我们归纳一下并购失败背后的逻辑。当双方都处于信息不对称时，每一方都想利用信息不对称来提高自己的利润，压低对方的利润。当双方的期望利润之和超过了交易能够产生的总利润时，原本有利可图的交易就会失败。梅尔森与合作者将这个结论归纳为"无效率定理"，就是双边信息不对称会导致交易无效率。

大家可能觉得这个定理背后的逻辑还是有点抽象，那么我们再看个例子吧。假设两个人分 100 块钱，不管是五五开，还是六四开，反正总共能分的钱就是 100 块，这就是所谓的"零和博弈"。如果每个人要求的金额都超过了 50 块，那么总和就超过了 100 块，这钱就没法分了，最终是谁也得不到。有意思的是，即便预期到可能谈崩的后果，也没有任何一方在事前愿意让步。因为谁先让步，就意味着谁吃亏，并且让对方占了便宜。而且，一旦在这次博弈中让步了，那么以后是不是要在其他博弈中继续让步呢？显然，这种"示弱"可能让对方得寸进尺、得陇望蜀。因此，当事人不会轻易让步，而是在谈判中发出比较强硬的信号。在某种程度上，这种谈判就是一种"囚徒困境"。双方明知可能出现谈崩的结果，但是却没有人愿意让步。

"对等地无知"胜过"不对等地知情"

在现实中，信息是我们决策的最重要依据，而信息的分布有多种情况。我们在前面分析了信息完全对称、信息不对称两种情况，现在考虑第三种情况：买卖双方在事前都不知道自己的成本或收益。比如，施乐不知道并购给自己带来的收益，惠普不知道自己企业的准确价值，双方只知道一个价值区间。例如，施乐的并购收益介于 380 亿到 420 亿美元之间，惠普的价值介于 340 亿到 380 亿美元之间。这些都属于双方的公开信息。如果说信息完全对称是"对等地知情"，双方信息不对称是"不对等地知情"，那么第三种情况就是"对等地无知"。当然，我们也可以把对等地无知看作是一种特殊的信息对称情况。

那么，在双方对等地无知的情况下，谈判是不是更难达成呢？恰恰相反，谈判更容易成功。既然惠普的价值是 340 亿—380 亿，而施乐的收益是 380 亿—420 亿，那么不妨将并购价格确定为 380 亿，或者比这个价格多一点点。在这个价格上，买方的最低收益大于或等于卖方的最高价值，买卖双方都能挣钱，交易一定可以达成。

这样一比较，我们会发现一些有趣的结果。首先，"对等地知情"当然是最优的，信息透明，最省事。问题是，这只是一种理想情况，我们在真实世界中很难碰到这种好运气。其次，"对等地无知"是次优的，因为双方总能找到一个价格达成交易。最后，"不对等地知情"其实是最糟糕的，双方无法成交。一言以蔽之，要么大家都知道交易的关键信息，要么大家都不知道，最糟糕的就是有人知道，而有人不知道。

《孙子兵法》有一句名言：知己知彼，百战不殆。意思是说，知道的信息越多越好。但是，**双边信息不对称模型告诉大家：有时候知道得越多反而越不好**。这并不是说《孙子兵法》错了，而是说信息不对等地多是不好的，信息对等地多才是最好的。如果你学会了博弈论或者契约理论，那么你会发现，很多的"传统智慧"要么是错误的，要么是模糊的。凡是未经理性思考的名言警句，我们要对此保持警惕。

如果我们把信息看作一种资源的话，那么信息分配和其他资源分配一样，都是"不患寡而患不均"，"对等地无知"胜过"不对等地知情"。我认为，在今天这个大数据时代，数据和信息已经成为最重要的生产要素之一了，我们不仅要关注物质财富或者财产的分配不均，更要关注信息分配的不均。它带来的影响不仅仅涉及交易、生产，而且涉及每个人的基本权利。

这一讲的内容也颠覆了关于谈判的传统观念。通常认为，谈判时一定要"留一手"，不让对方知道自己的底牌，这样才能掌握主动权。但我们现在知道，如果每一方在谈判时都"留一手"，就会导致双边信息不对称，实际上鼓励了彼此的投机心态，反而导致有利可图的生意做不成。因此，急于想挣钱的狭隘利益观，反而挣不到该挣的钱。

透明是最强大的力量

那么，究竟该如何促成双方交易呢？换句话说，双方该如何避免"不对等地知情"呢？最简单也是最彻底的办法，就是八个字：释放信息，体现诚意。

我们来看一个成功的跨国并购案例。2010年，中国民营汽车企业吉利控股集团成功并购了美国福特汽车公司下属的沃尔沃汽车公司。在漫长的谈判过程中，吉利宣布最后一轮并购报价是18亿美元。福特公司想再提高并购价格，此时吉利没有"留一手"，而是明确表示这是"底牌"。吉利向福特方面详细分析了收购给吉利带来的各种收益，并说明这个价格就是基于各种指标计算的最合理价格。福特被说服了，同意了最终报价。十年前18亿美元并购的沃尔沃汽车，十年后价值已经高达180亿美元。吉利并购沃尔沃的案例说明，买卖双方在谈判过程中，不要老想着占对方的便宜，要有大局观。凭借信息不对称优势，只让自己挣钱的生意都是小生意；释放信息，让双方都挣钱的生意才是大生意。

全球最大的对冲基金桥水基金创始人，投资大师达利欧（Ray Dalio），在《原则》(Rrinciple: Life and Work) 他的这本自传中公布了他的成功哲学，其中最重要的一条就是"极度求真和极度透明"。因为越是透明，才能减少分歧，才能增加信任，才能实现共同目标。在真正的智者看来，透明是最强大的力量，真诚是唯一的道路。这就是大道至简。

在双边信息不对称下，每一方都希望最大化自己的利润，同时挤压对方的利润，这会导致可分配的总利润小于双方的期望利润之和，从而导致双方都能赚钱的生意却做不成。**有时候，双方对等地无知甚至比不对等地知情更好**。为了达成有效率的交易，交易各方应该充分拿出诚意，让关键信息变得透明，才能建立信任，并最终实现双赢。

思考题

如何运用所学的理论来解决住房拆迁过程中的漫天要价问题或者"钉子户"问题呢？

第23讲　非价格机制

为什么银行用抽签的方式发放贷款？

口罩该不该涨价？

2020年年初暴发的新冠病毒肺炎，给我们这个世界带来了很大灾难，也促使我们反思一些看上去属于经济学"常识"的问题。例如，疫情发生期间，口罩究竟该不该涨价？类似的问题还有，如春运期间火车票该不该涨价？

按照标准的经济学原理，如果一样东西供不应求，就应该提高价格，这样就会鼓励厂商增加供给，同时促使一些消费者减少需求，最终实现供求平衡、市场出清。你去翻任何一本经济学教科书，它都会告诉你这个简单的逻辑。对于经济学初学者来说，这似乎没有问题，几年前，每当人们讨论春运期间一票难求时，总有一些所谓的"著名"经济学家站出来说，应该提高火车票的价格。总之，通过价格机制调节资源配置，实现供求均衡，似乎符合经济学原理。我相信，很多读者也是这么认为的。如果你也是这么认为的，那么，我觉得这一讲将给你不一样的看法。

在上文的经济学分析中，至少存在三个问题。

第一，价格未必能够实现资源优化配置。价格能够实现资源最优配置的前提是，所有购买的商品都能物尽其用。但是，在疫情期间，口罩即便涨价，其购买成本对于富人来说，也是九牛一毛。而且，生命的风险高于一切。于是，虽然富人可能不需要那么多口罩，但是富人仍然会大量囤积口罩，这必然导致一部分口罩被浪费了。而穷人可能非常需要口罩，但根本买不到或者买不起口罩。不需要的人买多了，需要的人买不到。这其实就是一种资源错配，是无效率的。

第二，在信息不对称条件下，价格机制未必能筛选出"有效需求"。假设有一个富人和一个穷人。富人一个月收入是 10 万元，每个月愿意花费 1000 元买口罩。穷人一个月收入是 3 千元，每个月愿意花费 500 元买口罩。单从价格上看，富人愿意出穷人 2 倍的钱，是不是就意味着富人的有效需求就是穷人的 2 倍呢？尽管富人能够支付的绝对价格更高，但这笔开支只占他月收入的百分之一，而穷人却愿意付出月收入的六分之一来购买口罩。从提高社会总福利的角度讲，穷人的有效需求更为迫切，只不过他受到了严重的收入约束。显然，如果缺乏总收入的信息，光是商品的价格并不能筛选出有效需求。

第三，外部性问题。新冠病毒感染的肺炎有严重的传染性，而且还有大量的"无症状感染者"。如果穷人买不到口罩，而又必须外出谋生，这就意味着病毒会传染给健康的人，包括其他穷人和富人，但病毒传播者本身并不需要承担传染的成本。这其实就是一种外部性，即当事人的行为会给其他人带来正面或者负面的影响，但是当事人却无须为此付出代价。经济学原理告诉我们，一旦出现外部性，价格机制就会失灵，因为此时的价格不再反映全部的成本或收益，而只是反映了部分的成本和收益，这就无法保证总成本和总收益在边际上相等，也就意味着资源无法实现最优配置。

价格机制不是万能的

在现实世界里，价格机制并不是万能的。经济学的核心目标是实现资源优化配置，但是配置资源的手段并非只有价格。其实，早在1981年，当时的普林斯顿大学经济学教授斯蒂格利茨就在一篇经典论文中指出：一旦我们考虑了信息不对称问题，供求定律就是错的。斯蒂格利茨教授甚至认为，供求定律根本不是一个定律，甚至也不是一个事实。这篇挑战主流理论的文章名字叫《不完美信息市场上的信贷配给》，发表在经济学期刊《美国经济学评论》上，这篇文章也成为他2001年获得诺贝尔经济学奖的主要成果之一。

接下来，让我根据斯蒂格利茨这篇文章，讲一讲为什么在信贷市场上价格机制不能实现资源优化配置。

在信贷市场上，银行是资金的供给方，企业是资金的需求方。

银行向企业放贷时，必须考虑两个因素：一个是利率，也就是资金的价格；另一个是本金。与普通的市场相比，信贷市场有三个典型特点。

第一，对资金的需求总是大于资金的供给。这一点在中国尤其突出，融资难、融资贵一直都是中小民营企业的最大难题之一。因为货币永远是稀缺的，不能随便发行。不像水果蔬菜，如果稀缺，农民就可以多种点，供给总是有办法满足需求的。

第二，存在严重的信息不对称现象。企业的贷款项目可能是风险小、收益率正常的好项目，也可能是风险大、收益率低的坏项目。而银行很难了解项目类型，这就属于事前的信息不对称问题。如果银行把一笔贷款发给了一个坏项目，那么资金可能就有去无回了。

第三，利率不仅仅是资金的价格，它还会影响本金的安全。对于普通商品而言，价格和商品是两个东西。比如，一部苹果手机，一旦出厂销售了，不管价格怎么变，手机的质量本身不会变。但对于贷款而言，利率和本金都是货币，它们本质上是一个东西。而且，利率的高低会影响到能否收回本金。

了解这些以后，我们再来看看，如果按照传统经济学的供求定律来解决融资难的问题，会发生什么情况呢？

例如，当贷款有限时，很多企业会来申请贷款，银行的资金供不应求。于是，银行可以将贷款利率提高两倍，从基准利率 4% 提高到 12%。12% 是什么概念呢？中国制造业的平均利润率是 6% 左右。那么这会出现什么后果呢？斯蒂格利茨指出，在信息不对称条件下，高利率会带来两种负面效应。一是逆向选择效应，只有那些坏项目的借贷者会来借款，因为只有坏项目侥幸成功之后才能付得起这么高的利率，或者这些敢来借贷的企业压根就没打算还钱；而那些风险小、收益率正常的好项目根本无法负担这么高的利率，因为利率超过了正常的利润率。在这种逆向选择效应下，好项目的借贷者反而会退出这个市场，坏项目的借贷者反而能够拿到贷款。

二是激励效应，一旦借贷者以高利率拿到贷款，如果他真想还钱，他就只能去投资高风险的坏项目。因为只有高风险的项目成功之后，才能付得起这么高的利息。这其实就是怂恿借贷者去投机取巧或者赌一把。一旦赌赢了，银行的贷款资金还可以还上，但是一旦赌输了呢？借贷者可能破产了，而银行也会血本无归，这是双输的结果。如果众多借贷者都去赌一把，那就可能导致很多贷款项目违约或者破产，这会引发金融危机。

总而言之，银行提高利率，本来是想通过提高价格，减少借贷者的需求，结果却导致了事前的逆向淘汰，并鼓励了事后的投机行为。当利率会影响本金时，银行提高利率的结果反而导致了本金难以收回。此时，一旦有人挤兑，银行就会面临破产。所以，**一旦引入信息不对称，经典的经济学原理很可能是错的**。其实，在经济学中，所有的命题和定理都有特定的边界。一旦超越边界，真理就会变成谬误。而我们就是要清楚地知道，真理和谬误的边界在哪里。

信贷配给理论

那么，考虑了信息不对称因素之后，最优的利率应该怎么确定呢？斯蒂格利茨发现，银行的期望收益和利率是倒 U 型关系。所谓的倒 U 型关系，就是先上升、后下降。这意味着，伴随贷款利率的上升，银行的期望收益会增加。但是，贷款利率并不是越高越好，超过某个临界点之后，利率再高，期望收益反而降低了。在临界点上，借贷需求是大于供给的。既然资金供不应求，那么银行应该把钱贷给什么企业呢？说出来大家恐怕不敢相信，在信息不对称条件下，银行只能用抽签的方式，随机选择借贷者。也就是说，在临界点利率上，银行不是根据市场供求来确定利率，而是采取某种非价格机制分配资金，这就是所谓的信贷配给理论。

很多人不相信银行真的会这么做。但我在调研中发现，真实世界的银行信贷过程确实在某种程度上与信贷配给理论预测一致。首先，银行会根据资金成本、风险成本和预期利润计算一个安全的利率范围，类似于前面提到的临界点利率，这个利率与借贷需求没有直接关系；然后，银行从符合条件的借贷者中进行筛选和排队，同时将放贷指标分配到银行内部的各个部门；各个部门在符合条件的范围内对排队企业进行审核并发放贷款。由于每个月的贷款额度和指标是根据计划分配的，因此基本上采取先来先得的原则，到月底时银行往往会加快放贷流程，以便完成任务。总之，在真实世界中，银行不是仅仅根据利率高低来发放贷款，也不是说借贷者愿意支付更高的利率，银行就一定会把资金借给他。

了解金融行业的朋友可能会说，为了减少放贷风险，银行可以提高抵押品价值，这不就是变相提高贷款的价格吗？但是，斯蒂格利茨推断，这种传统的做法很可能适得其反。首先，抵押品价值高低与项目本身的好坏并没有必然关系，不会改变前面提到的逆向选择效应；其次，能够提供高额抵押品的借贷者，往往是有钱的借贷者，而越是有钱的借贷者，越是敢冒风险，这会加剧借贷者的事后冒险行为。

总之，价格并非资源配置的万能手段。我们在同情广大小微企业融资难的同时，首先要冷静地分析背后的原因，然后要理性地寻找解决问题的有效办法。**经济学家的工作就是用冷冰冰的手术刀来解剖社会，而不只是施以同情。**

其实，我们的祖先很早就采用了非价格的资源配置方式。明朝晚期，皇帝懈怠，官场腐败。很多皇亲国戚、宫廷宦官以及当权宰相都给管理官员的吏部施加压力，要求安排自己人出任肥缺，以致官员任命变成了明码标价的买卖。一旦职位成了买卖，一定是有钱人瓜分了官场肥缺，而没钱但有才华的读书人则报国无门，这就是官场逆向淘汰。万历二十二年，孙丕扬任吏部尚书，他既不想按价钱高低来出售官位，又不敢得罪官场打招呼的上层权贵，那怎么办呢？他想出了一个绝招：掣签法，就是面对所有候任官员，吏部以抽签的方式决定官职的分配。据说掣签法出台后，官场打招呼的人立即大减，效果可谓立竿见影。连清朝名臣张廷玉都不得不承认，抽签虽然不是一种完美的方法，但却是当时最不坏的方法。

所以，在信息不对称的条件下，银行放贷的利率越高，就越是会吸引高风险项目的借贷者，或者促使借贷者在项目选择上铤而走险。为此，在临界点利率上，银行宁可采取抽签的方式进行信贷配给，而不是提高利率。在信息不对称条件下，传统的供求定律可能是错的。

但是，信贷市场是不是一个太特殊的市场，以至于信贷配给这种非价格机制是一种特殊的资源配置方式呢？恐怕不能这么说。斯蒂格利茨指出，劳动力市场也有类似的特征。虽然劳动力的供给往往大于需求，但是企业作为劳动需求方往往不会把工资降低到均衡工资水平。企业宁可招不到人，也不会用很低的工资去招一个不合格的人。因为工资会影响劳动力的质量，均衡工资无法招聘到合格的劳动者。这再次推翻了传统经济学的供求定律。

思考题

在新冠肺炎暴发期间，你是否赞同口罩涨价？如果不赞成，你认为应该如何分配口罩？

第四章

家庭和理财的经济学分析

第24讲　风险规避

为什么日本的家族企业长盛不衰？

家庭是一种避险机制

每年年末，都是国家公务员考试报名的时候。每一次"国考"，都是一次激烈的竞争，因为报名人数高达上百万人，其难度绝不亚于高考和古代的科举考试。以 2020 年为例，当年报考国家公务员的人数高达 110 万人，平均 50 个人竞争 1 个职位，而其中最热门的职位有 1709 个人报考。我们一般认为，来自农村和城市工薪阶层的人更有可能参加公务员考试。但是，根据记者调查，很多公务员的报考者都来自富裕家庭。中国最富裕的省份广东，通常被认为希望孩子去当公务员热情最低的省份也是广东。但是，根据 2020 年的国考报名数据，广东省的国家公务员职务竞争比例是 70:1，超过全国绝大多数省份。虽然这未必代表广东人最爱"当官"，但至少从一个侧面说明了，富商云集的广东也有很多人热衷于当公务员。

为什么商人要鼓励自己的孩子去考公务员呢？这听上去很奇怪，毕竟他们一不缺钱，二不缺人脉。真正的原因是，富商家庭需要从整个家庭的角度去规避风险。为什么要规避风险？如何规避风险呢？

在本书中，我反复强调一个观点：人与人之间的关系本质上是一种契约关系。但是，任何契约都可能会失灵。导致契约失灵的原因有两个：一个是当事人之间的信息不对称，比如一方对另一方欺骗或者敲诈，导致契约无法正常履行；另一个是外部的风险和不确定性，比如新冠肺炎导致企业出现债务违约，或者下岗失业。前面的内容是从第一个角度，也就是信息不对称的角度来分析和解决契约失灵问题，下面我们从第二个角度，也就是风险和不确定性的角度来谈谈如何避免契约失灵问题。

在现实生活中，人们规避风险、确保契约正常履行的方式有很多。买保险是一种避险机制，多元化投资也是一种避险机制，但是我们要讲的是一种独特的避险机制：家庭。核心的观点是，**通过组建家庭，可以实现有效的风险规避，减少契约失灵，提升个人福利**。

为什么家庭可以规避风险呢？我们先来看一个真实世界的案例。在某个著名的网络论坛上，一位大学生2019年发了一个帖子，大概意思是：很多企业破产倒闭，很多人找不到工作，不是因为大环境不好，而是因为自己水平不行。同样是大学生，别人要辛辛苦苦找工作，我却可以进老爸的企业，这就证明"天道酬勤"。到了2020年，新冠肺炎来了，这位大学生又发了一个帖子，不过剧情急剧反转：疫情期间，父亲的出口企业没有订单，因为债务违约而面临破产，而且三套房子四辆车全部抵押了，本人失业在家，深感绝望，感叹为什么老天这么不公平……

遗憾的是，在疫情期间，这样的悲剧可能只是沧海一粟，还有很多人遭遇了各种不幸。但是大家想一想，如果这个大学生的母亲在体制内有一份稳定的工作，或者这个大学生依靠自己的能力能够在市场上找到工作，而不是完全依靠自己的家族企业，那么这个家庭的抗风险能力是不是提高了很多？

归根结底，家庭能够实现风险规避的主要原因，是因为它可以实现人力资本的多元化投资。这个道理跟买股票是一样的。根据金融学理论，如果一个人购买的股票数目超过15只，那么这种投资组合就可以将市场风险减少到接近于0。也就是说，除非股市整体不好，否则这种投资组合一般不会亏损。在进行资产配置时，我们经常听到这样一句话，"不要将鸡蛋放在一个篮子里"，因为你永远不知道篮子哪天突然就破了，到时候就是"竹篮打水一场空"了。

我们再举一个例子。在20世纪七八十年代，那些有两个孩子的家庭，一般会让一个孩子去体制内，比如当公务员或者去事业单位上班，然后让另一个孩子去企业工作。这其实就是一种最佳的就业组合，一个体制内，一个体制外；一个在官场，一个在市场。如果市场行情不好，很多人就想涌入体制内，比如最近一批博士后纷纷去杭州和深圳的街道办任职；反之，如果市场行情好，很多人又想从体制内走出来，"下海"去拿高薪。因此，这种家庭内部的职业分工，不仅分担了就业风险，而且两种职业还可以相互帮衬。

日本长寿企业世界第一

有趣的是，家庭的避险机制还可以复制到企业。家族企业能够延绵不绝，其实就是它们将家庭和企业两种组织的优点结合在一起。

大家知道全世界哪个国家的百年企业最多吗？不是欧洲，而是日本。

截至2012年，超过100年以上的日本企业有2.1万家，其中超过200年的企业有3000多家，超过1000年的企业有7家。目前，日本最长寿的企业是创办于公元578年的建筑企业"金刚组"，距今已有1400多年，其代表作是建于公元593年的四天王寺，这也是日本最古老的官方寺庙。研究表明，日本的这些百年老店基本上都是家族企业，我相信这绝不是偶然，而是因为家族企业比普通的公众公司或者私营企业更能规避风险，从而将企业这种独特的契约形式维系下去，并实现百年传承。

我们再来看中国。根据《财富》杂志统计，中国的百年企业大概有十几家，包括云南白药、同仁堂、全聚德、吴裕泰、东来顺、六必居、张小泉等品牌，几乎也都是家族企业。那么问题来了，同样是家族企业，为什么日本的百年家族企业成千上万，而中国只有十几家呢？除了大环境的差异，主要原因是日本家族企业有独特的避险机制。

家族企业最大的风险是接班人风险

作为一个家族企业,最大的风险不是市场风险,而是接班人风险。理论上,家族企业的创始人和接班人之间有一个隐形的代际契约:创始人把家族企业的所有权和控制权交给接班人,接班人应该将家族企业发扬光大,否则就是不肖子孙。关键的问题是,怎么选出合格的接班人呢?中日两国的家族企业在选择接班人方面,有一个共同的规则:传儿不传女,这跟传统文化有关。但问题是,不是所有的儿子都是合格的接班人。有些儿子能力平平,有些品行不端,有些生活腐化,这都会给家族企业传承带来巨大风险。

想必大家都知道,古代最有名的商帮之一是山西票号。但是我在研究古代政商关系时发现,山西最名的几大票号,包括"乔家大院"的乔家、平遥的李家、太谷的曹家,几乎都是因为后代子孙经营不善,而导致原先辉煌一时的票号最终衰败破产。将家族企业传承给儿子,其实风险很大。

如果创始人有好几个儿子,从中挑选一个相对优秀的来接班,这样风险相对较小。这就可以解释,为什么古代经常说"多子多福",其实是儿子多了,家族事业的继承风险就小了。这是一个概率问题。但问题是,如果几个儿子都不争气呢?这个时候,中国的传统做法是"矮子里面拔将军",反正儿子再差也要把家族企业传给他,确保"肥水不流外人田",但这就导致家族很快衰败,反而应验了"富不过三代"的民间谚语。更糟糕的问题是,如果创始人没有儿子,甚至没有儿女怎么办？按照中国传统，创始人的财产就要被近亲瓜分，此时完整的家族企业就面临被强行肢解的巨大风险。一般的做法是，创始人从近亲中选择一个小男孩过继给自己。但过继的儿子并不能保证一定是合适的接班人，一是因为过继的范围非常有限，选择面很窄，择优的概率不高；二是过继通常发生在男孩很小的时候，但那时根本没法判断他是否有经营管理能力。因此，过继并不能有效地解决问题。

日本家族企业怎么解决接班人难题

作为百年老店数量最多的国家，日本是怎么解决家族企业接班人难题的呢？首先，如果有合适的儿子作为接班人，家族企业创始人当然还是会将企业传给儿子。其次，如果家族企业创始人发现自己儿子能力不行，或者没有儿子，就会选择一个合适的女婿作为接班人。不过，这个女婿除了能力比较强，还必须入赘，之后跟创始人改姓才行。正因为姓氏是家族企业传承的重要标志，所以很多日本的家族企业的名字里就带有姓氏。例如，日本著名的松下电器公司和丰田汽车公司，都是以创始人的姓氏命名的。改姓之后，女婿作为企业的接班人，就跟儿子差不多。关键在于，从可选范围上讲，父亲其实很难选择谁投胎成为自己的儿子，这是基因决定的，但父亲可以从全社会的成年人当中选择合适的女婿，而且这个过程允许试错。比如，发现某个男子不适合作为接班人，可以解除他与女儿的恋爱关系甚至是婚姻关系。也就是说,儿子不能换,但女婿可以选。这就极大地避免了接班人风险。事实上,日本著名的百年家族企业创始人松下幸之助、铃木俊三、丰田佐吉都是把企业传给了女婿而不是儿子。也因此,日本社会中的女婿地位比较高,相当于儿子。这一点不像中国,中国的女婿终究还是"外人",女婿的儿女被称为"外孙"。

进一步的问题是,如果家族企业创始人既没有儿子,也没有女儿,因而连女婿也没有怎么办?日本传统是,创始人找一个忠诚的徒弟,收为养子,并且让他跟自己改姓,然后将企业继承权交给他。这样,从传承上看,企业仍然是由和创始人相同姓氏的人掌管,这再次说明,姓氏就是一种传承纽带。

总而言之,为了规避接班人风险,日本允许创始人扩大候选人范围,从儿子到女婿再到养子,而且女婿和养子的身份还可以在试错的过程中更改,从而完美地解决了家族企业的传承问题。根据著名经济学家陈志武教授的文章,在各种类型的日本家族企业中,"女婿养子"管理的公司业绩最好,其次是职业经理人管理的公司,最差的是亲子管理的公司。这个结论真的很有意思,也应该引起我们的反思。从规避接班人风险的角度讲,这个结论完全符合我们的主要结论。

中日两国的家族企业,除了接班人的选择范围不同,其实接班的方式也有差异,这也跟家族企业的风险规避机制有关。中国家族企业的继承方式通常是"分家"。比如说,创始人的企业有票号、当铺和药店,还有三个儿子。因为"手心手背都是肉",不能过于厚此薄彼。于是，一个很可能的分配方案是：老大继承主业票号，老二继承当铺，老三继承药店，总之要利益均沾，尽量"一碗水端平"。这种做法固然注重公平，但实际上削弱了家族企业的综合实力，把一个多元化的企业变成了单一企业，而单一企业不如多元化的企业那样能够抵抗外部风险，从而难以做大做强。如果创始人的企业都是当铺呢？那就是三个儿子每人分几个当铺。这又降低了规模经济，减慢了资本积累的速度，也不利于家族企业抵抗风险和做大做强。

与中国不同，日本的做法不是"分家"，而是"独家"继承。比如，创始人有三个儿子，其中一个儿子成为接班人了，那么另外两个儿子不能在家族企业里工作，必须自己出去奋斗。这样的安排有两个好处：第一，确保了家族企业是一个整体，而不是拆分了；第二，分散了风险。万一家族企业不行了，另外两个儿子在外面闯出了一片天地，就不致让整个家族破产。

思考题

一位名叫邹春兰的女运动员，在20世纪八九十年代曾经多次获得全国举重冠军，还打破了世界纪录。她退役后，因为学历不高以及缺乏专业技能，不得不在澡堂当搓澡工。请思考一个在体制内工作的人，如何在职业发展上规避风险？

第25讲　债务契约

穷人为什么穷，富人为什么富？

全世界的收入不平等在加剧

　　全世界每年新出版的财经类著作至少有几万本，但是大家知道过去几年里，全世界最流行的财经著作是哪一本吗？是《21世纪资本论》(*Capital in the Twenty First Century*)，作者是法国著名经济学家皮凯蒂（Thomas Piketty），他也被认为是诺贝尔经济学奖得主的潜在人选。《21世纪资本论》这本书的篇幅超过700页，为什么全世界那么多人对这么一本"大部头"的学术性著作感兴趣呢？这本书究竟说了什么呢？皮凯蒂利用全世界多个国家300年的收入数据，发现了一个惊人的事实：最近几十年来，全球范围内的收入不平等程度逐渐扩大，很快会变得更加严重。简单地说，就是穷人更加穷，而富人更加富。那么，为什么会出现这种贫富差距拉大的现象呢？

从经济学理论上讲，经济增长主要来自两方面要素的贡献，一是资本，包括机器、厂房、土地和其他生产资料，体现为货币或金钱；二是劳动，包括体力劳动和脑力劳动。关键在于，由于资本的回报率超过劳动的回报率，因此主要依靠资本赚钱的富人就会变得更富，而主要依靠劳动赚钱的穷人当然就会更穷。

问题在于，为什么用资本挣钱比用劳动挣钱更快呢？这就要理解资本和劳动两种生产要素之间的根本区别。皮凯蒂指出，资本可以买入、卖出，理论上还可以无限积累，比如一个人的资本可以到达富可敌国的程度。但劳动只能供本人使用，不能被别人拥有，而且使用有限，毕竟每个人一天只有二十四小时。

资本和劳动在性质上的区别，决定了使用它们挣钱的快慢。使用资本挣钱的企业主、投资者和股东，可以通过银行借款、股权融资、公司上市以及其他方式，将别人的资本集中在自己手里，实现积少成多，然后再利用资本的规模效应，投资到收益率最高的行业去，这样通过"借钱生钱"的方式，就可以不断放大自己的财富。

反过来，大多数普通人，包括农民、工薪阶层，只能使用自己的劳动来挣钱。与资本相比，劳动在挣钱方面有三个缺陷：一是投入有限，没法突破24小时的极限；二是缺乏规模经济，普通人不可能调动大批劳动力投入生产，除非是资本家；三是很难从一个行业转移到最赚钱的行业，毕竟每个行业都有进入壁垒。比如说，你本来在餐饮业做大厨，一个月能挣两万元。但是如果哪天餐饮业不景气了，你没法立即转移到电子商务行业做直播。而资本的转移成本很低，投资者可以把餐馆卖了，找一家电商企业投资，或者在股票市场上买入电商企业的股票。

这样，我们发现了"穷人之所以穷，富人之所以富"的第一个原因：**穷人靠劳动挣钱，富人靠资本挣钱。**

《穷爸爸，富爸爸》的买房版本

其实，在皮凯蒂的《21世纪资本论》风靡全球之前，也曾有一本财经畅销书在中国大陆深受追捧，叫《穷爸爸，富爸爸》(*Rich Dad, Poor Dad*)。这本书通过一个"穷爸爸"和一个"富爸爸"的对比，揭示了穷人为什么穷而富人为什么富：富人善于投资，精于理财。这本书最大的亮点是提出了一个名词"财商"。我们都知道，一个人的成功，一是需要智商（IQ），二是需要情商（EQ），但是这本书告诉我们，还需要财商（FQ）。所谓财商，就是善于理财、懂得投资和经营之道。的确，我们的教科书从来不教我们这些。但是，在现实世界中，你不理财，财不理你，是句实话。

大家一定要记得皮凯蒂指出的资本和劳动的根本区别：资本可以流通、积累，从而具有放大效应。因此，理财的关键，是善于利用债务杠杆，以钱生钱，最终把小钱变成大钱。用契约理论的话来说，就是敢于向别人借钱，善于利用债务契约。债务契约的本质，就是用别人的钱办自己的事，用未来的钱办现在的事。而单纯依靠体力劳动或脑力劳动，是无法做到这点的。

著名经济学家林毅夫曾经说过，我国金融体系目前仍以大银行和股票市场为主，主要为大公司和富人提供资金服务。劳动密集型的中小企业以及小农户很难从中得到资金服务。穷人将钱存到银行，实际上是补贴了富人和大企业。说白了，穷人之所以穷，其实跟资本市场是否发达高度相关，而未必是穷人不努力、不优秀。那些喜欢炫耀"比你优秀而且比你还努力"的人，应该反思一下自己是不是沾了制度不完善的光，而不是盲目自信地给自己贴上"精英"的标签。

其实在我们身边，既有财商高的人，也有财商低的人。两种人初始条件可能差不多，但是几年后财富水平相差越来越大，甚至是天壤之别，关键就在于是否懂得利用债务契约。我来讲一个《穷爸爸，富爸爸》的现实版本。

2006年，我在中国人民大学开始任教。巧得很，北京的房价就是在2006年前后开始快速上涨的。我有两个大学同事，一个是农村家庭，就叫教师甲；另一个是城市家庭，就叫教师乙。开始两人都是租房住。到了年底，工作满半年，两个同事都攒了几万块钱。农村出身的教师甲比较孝顺，平时省吃俭用，用这笔钱帮父母还清了十几年积累的债务。教师乙没有把钱给家里，还从亲戚那里借了十几万，凑够了20多万元，然后在人大附近买了一套100平方米的二手房，当时的房价是6000多元一平方米。

十五年之后的今天，人民大学附近的房价已经高达10多万元一平方米。以2006年为基准，房价在十五年里涨了近15倍，平均一年涨一倍。教师乙当年投资购买的房子，如今已经价值千万。而教师甲，由于根本买不起附近的房子，几年前不得不跳槽到外地发展。

上面这个真实的故事告诉我们，人世间最大的收入不平等，不是媒体上报道的不平等，也不是书里写的不平等，而是身边人因为投资导致的不平等。同样是博士，同样是教师，因为投资理财，两者的财富竟然有天壤之别。假设一下，如果农村出身的教师甲当年不是急于还钱，甚至大胆地从亲戚那里借钱，然后投资买房，那么他不仅会获得丰厚的投资回报，而且可以为亲戚带来投资红利。可惜，世上没有那么多如果。当然，从另一个角度讲，政府实行"房住不炒"政策，确实有利于减少贫富差距。作为穷人出身的知识分子，我是举双手赞成控制房价的。

在这一部分，我们总结了"穷人之所以穷，富人之所以富"的第二个原因：**穷人埋头苦干，富人善用杠杆。**

穷人怕冒险的根本原因是初始禀赋

说到买房，很多人都有买房的经历，也有买房的教训。这个教训就是房价一直都在涨，关键看你敢不敢"该出手时就出手"。买房导致的贫富差距，很大程度上是风险偏好的结果。有人敢冒风险，自然要有较高的回报。穷人往往只看眼前，注重省钱；而富人投资未来，注重生钱。这个观点还有经济学理论支持。

现代经济学的"泰山北斗"毫无疑问是美国芝加哥大学，那里有一个芝加哥学派。芝加哥学派的创始人是奈特（Frank Knight）教授，他的成名作是《风险、不确定性和利润》(*Risk Uncertainty and Profits*)。这本书的核心观点是，企业家之所以能够成为企业家，是因为他们敢冒风险，善于抓住商机，从而赚取超额利润。那些不敢冒风险的人，只好给企业家打工，获得一份无风险的报酬，也就是工资。

看上去，这个风险偏好的故事符合逻辑。但问题是，难道穷人天生就是害怕承担风险吗？如果是，那怎么解释现实中有不少穷人最终也变成了富人？比如，华人首富李嘉诚，当年就是穷人出身。而且，很多穷人并非不敢借钱，而是很难借到钱，因此没法利用债务杠杆进行长远投资。

因此，真正的问题是，为什么穷人很难借到钱？我们只有从制度上反思这个问题，才能找到问题的本质，并提出解决方案。其实，穷人借钱难，中小企业借钱难，这是一个世界性的难题。因为从契约的角度讲，债权人和借钱的债务人之间往往存在严重的信息不对称。第一，债权人不知道债务人的个人信息，包括债务人信用如何，品德如何；第二，债权人不知道债务人的项目盈利前景如何，是高风险项目，还是低风险项目，甚至是真项目还是假项目。在信息不对称的情况下，债务人可能会出现逆向选择和道德风险问题，比如伪造项目收益数据，或者事后拿了贷款去投资高风险项目，甚至出事之后直接跑路。这些年，大量的"P2P"暴雷，很多"以房养老"的骗局破灭了，牵连了无数家庭，导致很多普通的投资者血本无归，甚至倾家荡产。因此，债权人或者投资者为了减少自己的损失，肯定会要求债务人提供抵押品，比如机器、厂房、商铺，或者要求第三方提供贷款担保。而问题的关键就在于，穷人之所以是穷人，就是因为缺乏可供抵押的资产，也没有完善的信用记录，同时也不认识什么富人朋友。相反，富人往往有一定的资产，比如房子、汽车以及土地，他还有一些富人朋友，这些朋友可以提供贷款担保。在信息不对称的前提下，目前的融资体系显然是有利于富人，不利于穷人的，这就是不完美世界的代价。这也就是林毅夫教授提到的，穷人的钱存在银行，反而对富人和大企业有利。

此外，除了信息不对称，穷人还缺乏应对债务契约的风险规避机制。比如前面讲到的两位人大教师的故事，如果农村出身的教师甲也去向亲戚借十几万块钱，是不是一定可以发财致富呢？未必。如果投资的对象不是买房，而是商业项目，一旦亏损，教师甲拿什么来还债呢？而城市出身的教师乙，因为家境相对较好，即便亏了十几万，也不会太影响生活品质。说白了，就是穷人输不起，因此步步为营，总想靠省钱来挣钱；而富人输得起，因此敢于借钱投资，能够用小钱搏大钱。所谓的风险偏好，其实本质上是风险承受能力问题。如果一个越是有钱，那么理论上他就越是不那么害怕承担风险，也就更加敢于借钱投资了。就好比股市投资，碰到牛市的时候，其实人人都可以挣钱，但是穷人的本金太少，即便收益率很高，也挣不到多少钱，所以只能继续将本金和大部分收益一起留在股市里。问题是，一旦碰到熊市，撤退来不及，就满盘皆输了。

一句话总结，穷人之所以穷，不是因为穷人本身害怕冒险，而是因为穷人的初始禀赋太差，冒险的机会成本太高。也就是说，贫富差距很大程度上是客观原因导致的，而不是主观态度导致的。

那这样是不是意味着，穷人永远没有希望呢？当然不是，前面提到的李嘉诚，就是一个成功实现"逆袭"的正面案例。根据我们的理论分析，对于政府来说，要帮助更多穷人变成富人，关键还是不断完善信贷市场，创造一个让穷人更加容易赚钱的制度环境。比如说，成立更多服务于中小企业和穷人的信贷机构，完善个人征信体系，让那些有能力、项目好的穷人也能获得贷款。获得2006年诺贝尔和平奖的尤努斯（Muhammad Yunus），就是因为创立了可复制的"穷人银行"模式，帮助了无数穷人脱贫致富。要解决贫富差距，让更多普通劳动者和普通家庭实现财富增值，关键还是要完善信贷市场。

思考题

你周围有没有人白手起家，然后从穷人变成富人？如果有，他们的故事是否验证了本文的结论？

第26讲　社会网络

份子钱该不该取消？

收入越高，红包越厚

中国是一个人情社会，人情社会的特征之一就是"礼尚往来"。逢年过节，以及碰上各种红白喜事，都要给别人发"红包"，交"份子钱"。所谓份子钱，就是恭贺节庆以及参加红白喜事的礼金或者红包。

需要交份子钱的场合主要有两种。第一种是逢年过节。比如，春节到亲戚家拜年，一般要给年纪大的长辈（比如舅舅）发一个红包，还要给亲戚家里的小孩们发红包。如果是第一次见面的小孩，红包通常是必不可少的。此外，在春节、端午和中秋这三个重要的传统节日，如果去拜会领导、上级或重要客户，没有红包是没法上门的。第二种情况是红白喜事。"红喜事"包括：结婚、孩子满月、孩子生日、孩子考上大学、孩子出国留学、父母生日、乔迁新居以及二胎出生。除了红喜事，中国还有"白喜事"，就是高寿老人去世了，参加这种"喜丧"的人也要交红包。

据说，现在的年轻人"天不怕，地不怕，就怕请柬发"。亲朋好友发请柬，通常有好事，但对自己却未必是好事，因为又要交一笔金额不低的份子钱。在各种喜事中，婚礼的庆祝仪式是最隆重的，因此份子钱也是最高的。网上流传着一张"全国婚礼红包地图"。在这张电子地图上，份子钱最少的是云南，100元；最多的是上海和浙江，1000元；大部分地方都是300—500元。

有趣的是，如果将中国内地31个省份的人均GDP（国内生产总值）和红包金额画在一张图上，我发现两者呈现出明显的正相关性（如图1）。数据显示，人均GDP越高的地方，婚礼红包的金额

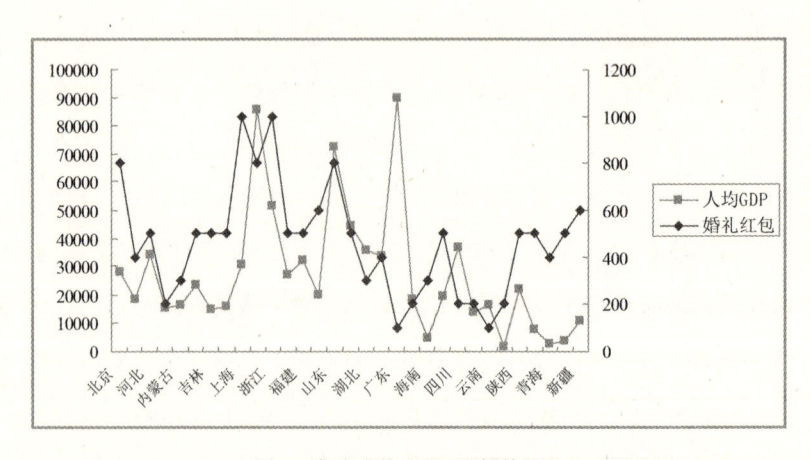

图1 各省人均GDP和婚礼红包

也越高。这说明,份子钱不仅是一种文化现象,而且是一种经济现象。

份子钱本质上是"众筹"

份子钱的历史由来已久,据考证,至少明朝时期就已盛行。那么份子钱跟我们讨论的经济学有什么关系呢?**从契约理论的角度讲,份子钱是一种基于社会网络的互助机制,就是古代的"众筹"。**

在中国古代,大家知道,由于生产力水平低,普通人的人均收入很低。低到什么程度呢?现在我们经常说"一日三餐",这似乎是约定俗成的。其实在中国古代,普通中国人一天只能吃两顿饭,而且第二顿一般是第一顿的剩饭。直到宋朝,经济发达了,普通中国人才能一天吃三顿。对于普通家庭来说,大部分时候都没有闲钱,而且古代既没有完善的储蓄和保险机制,也没有完善的信贷机制。一旦家里出现了红白喜事或者重大事件,需要临时支出大笔资金时,就会捉襟见肘。而份子钱的出现,就是一种应急状态下的互助机制。比如村里某户人家要结婚了,请客、置办嫁妆、装修新房以及支付彩礼,都需要一大笔钱。此时,村里人以及亲戚朋友来吃喜酒时每家提供一份礼金。虽然每份礼金并不多,但是加在一起就是一大笔钱,这就解决了燃眉之急。

因此,份子钱作为一种互助机制,本质上是一种亲朋好友之间的隐性契约:这次你家有事需要用钱,大家来帮你;下次我家有事需要用钱,大家也要帮我。当然,这种隐性契约的长期维持,需要满足一些前提条件，否则就会出现道德风险问题。比如，张三品德不好，但大家对张三的品德并不了解，这是一种常见的信息不对称现象。张三多次拿了别人的份子钱，却很少给别人交份子钱；或者，张三利用各种借口从亲戚朋友那里借了很多钱，然后溜之大吉。因此，这种隐性契约绝不是那么简单，它必须解决信息不对称和跨期交易导致的诸多难题。我认为，份子钱作为一种互助机制，至少需要满足三个条件。

第一，存在一个稳定的社会网络。份子钱是利用集体的力量帮助个人，因此参与者必须足够多。人太少了不行，无法发挥"众人拾柴火焰高"的放大效果。那怎么保证人数足够多呢？一个简单办法就是建立一个稳定的社会网络，在这个网络中每个人都存在紧密联系，并且知根知底。在古代中国，这样的社会网络就是基于亲缘和地缘关系的家族宗亲关系。这一方面确保了人员比较稳定；另一方面确保了圈子比较封闭。既实现了"滴水成河"的放大效果，又保证了"肥水不流外人田"。

第二，确保每个人的收支基本实现平衡。假如张三是个单身汉，他这个月给李四家送结婚红包，下个月又给王五家送生日红包，下下个月又给赵六家送乔迁红包。但是他自己既没有结婚生子，又没有房子，那就只有红包支出，而没有红包进账，长此以往就会严重亏损。他就会拒绝加入这种单边受益的互助网络。为了避免这种情况，这个互助机制的参与者通常是以家庭为单位，而不是以个人为单位，因为一个家庭总会有生老病死等人生大事。另外，主人家在举办红白喜事收取红包时，通常会当众清点并且登记，这就是一种公开的承诺机制：这次你送我多少，下次我就回你多少。

第三，份子钱的金额不能太高，不能影响正常的消费。既然是积少成多的集体救助机制，当然不能给参与者带来太大的经济压力，否则就会影响参与者的积极性。因此，古代的份子钱也不是可以随时随地收取的，一般有约定俗成的规矩。比如，结婚、生子、乔迁、金榜题名可以收红包，平时过节一般不收红包。而且，各地红包的金额比较稳定。经济条件好的地方，红包金额就高一点；经济条件差的地方，红包金额就低一点。这完全符合我们前面提到的人均GDP和红包正相关的结论。

古代也有基金制

在古代，家家户户都有婚丧嫁娶。但有一类事情非常重要，却不是每家都有运气碰上，就是科举考试。古代一个家庭培养一个读书人的代价是很高的。十年寒窗苦读，读书人要先后经过县试、府试，考取秀才之后，再经过乡试和会试，才能考取举人和进士。乡试在各省的首府，会试在京城，距离远，时间长，花钱多。而且举人和进士的录取比例极低，肯定比今天的"985"大学录取比例低多了。因此，科举考试是一项投资大、见效慢、成功概率低的风险项目。另一方面，一旦村里有人金榜题名成为举人或进士了，不仅能够迅速提高全村的地位和知名度，而且在赋税和打官司等方面也能带来好处。古人说"一人得道，鸡犬升天"，这话虽然有点难听，但是在一定程度上也适用于科举考试给宗族乡邻带来的好处。因此，科举考试也是一个互惠项目，只是形式上比较隐晦。

对于科举考试这种大宗的风险投资项目，光靠大家凑份子钱肯定是不够了。而且普通人家本来收入就少，如果某人寒窗苦读十年还没有考取举人或进士，村民在长期内看不到回报，必然失去继续资助的积极性。此时，另一种形式的互助机制就出现了。什么机制呢？

我们知道，古代最主要的资产就是田产。一个村庄里，除了官方拥有的官田，个人拥有的私田，其实还有集体拥有的"公田"，有的地方叫"学田"。公田的所有权属于集体，由村民轮流耕种，所得收益完全用于资助参加科举考试的考生。一旦遇上大考之年，村里就将公田的收益拿出一部分作为考试的盘缠，然后大家再凑点份子钱。这样大钱加小钱，差不多能解决考生的基本费用。当然，得到资助的考生一旦考取功名，将来必定要回报村民，这就是一种互惠的隐性契约。

以今天的眼光来看，公田或者学田就是一种基金制。基金制和份子钱相互补充，形成中国古代一套独特的互助机制。在这种机制下，"朝为田舍郎，暮登天子堂"是可以实现的，这也是古代社会保持垂直流动性和国家治理水平的重要保障。大家都知道古代江南出才子，江南多进士，一个重要原因就是江南地区有很多这类"公田"，有些地方叫"义庄"。我在无锡调研时，曾在荡口古镇专门参观了著名的"华氏义庄"。这个义庄资助了很多勤奋上进的科举才子,奠定了当地浓郁的文化氛围。

为什么现在的年轻人痛恨份子钱?

前面讲的是古代的份子钱,让我们回到现实。既然份子钱是一种基于社会网络的互助机制,这是一件好事啊。可是,为什么网络上很多人都对份子钱深恶痛绝呢?

份子钱的确是一种互助机制,不过它的投入和回报并不是实时对应的,这跟年龄段有关。对于单身的年轻人来说,基本上处于投入的阶段:别人结婚要送钱,孩子满月要送钱,新房乔迁要送钱,而自己没结婚、没生娃、没买房,当然只有投入没有回报了。从时间上看,份子钱对年轻人来说是一种期权,就是拥有股份,未来可以兑现,但是现在不行。从这个角度讲,年轻人反感份子钱,是基于自身利益的理性表达。但如果你去问留守农村的中老年人,他们通常会默认或者支持份子钱,主要是因为他们是既得利益者。因此,利益不同,观点不同,很多观点本无对错之分。

不过,超越个体利益,从社会总体福利的角度讲,现在的份子钱是不是一种陋规?该不该取消呢?这就要看份子钱存在的前提条件是否满足。我们在前文提到了三个前提条件:一是存在一个稳定的社会网络;二是每个人的收支基本实现平衡;三是份子钱的金额不影响正常消费。

我个人的观点是,份子钱存在的前提条件越来越不能满足了。改革开放以来,中国人口加速流动,农村人去城市打工了,小城市的人去大、中城市了。在这种背景下,基于地缘血缘关系的社会网络越来越不稳定了,而是不断地分化组合。比如我自己,考上大学之后,一家人在四个城市工作,逢年过节都不一定能够团聚。亲缘关系仍然保留,但是亲戚之间的联系越来越少。当社会网络发生变动时,参与者在份子钱上的投入和回报机制就被破坏了,此时互惠关系可能变成单方面的受益或者受损关系,共赢博弈可能变成零和博弈。而且,大家收入水平都提高了,结婚、生子和上大学已经不需要别人提供资助了。份子钱的意义何在?如果只是维持亲朋好友的关系当然可以,但这跟感情和交往有关,跟钱无关,而且两者无法替代。如果没有感情和交往,只是通过手机发一个红包,无异于缘木求鱼,毫无意义。

既然份子钱越来越成为一种形式主义了,那为什么不能马上取消呢?这是一个有趣但是复杂的问题。份子钱作为一种互助机制,本身是一种博弈的均衡;取消份子钱,也是一种博弈。如果大家都默认份子钱,就你一个人拒绝,那么你就会变得不合群。如果每个人都这么想,那么即便大家都讨厌份子钱,也没法取消它。此时,人们陷入了一种"囚徒困境":人人都知道某件事不好,但为了自己的利益又不得不做。要打破这个囚徒困境,就必须协调行动。一种方式是,所有参与者集体协商,规定从某年某月某天开始,一律不收份子钱,所有人都必须遵守。第二种方式是,一个超级协调者(比如政府），强行规定从某天开始禁止收红包。不管哪种方式，过去交了份子钱并且现在等着收份子钱的人，都会觉得自己亏了。但是没办法，只能寄希望于通过别的方式（比如春节送礼）私下返还或者补偿。有时候，历史的前进不可避免地会产生一些代价，我们只能希望这种代价越小越好。

思考题

你是否同意取消份子钱？如果同意，有什么更好的方式执行而又不破坏亲朋好友的关系呢？

第27讲　不完全契约

为什么每天有2万人离婚？

从完全契约到不完全契约

我们生活在一个充满契约的世界里，世界上人与人之间的关系本质上都是一种契约关系。在这一讲开始前，我想问大家一个问题。你认为，世界上最可靠的契约是什么？大多数人会认为是婚姻。结婚前，男女双方发誓要"海枯石烂""地老天荒"，很多恋人往往要经过多年的恋爱长跑，才能步入婚姻殿堂，之后夫妻双方往往要共同生活几十年。但是，大家知道全中国有多少人离婚吗？根据民政部的官方数据，2018年全国有446万对夫妻依法办理离婚手续，相当于平均每天有2.4万人离婚。既然婚姻是最可靠的契约，为什么每天有2万多人离婚呢？接下来，我将给大家提供一个全新的视角来看待婚姻。

我们这本书主要分析框架是契约理论，一种前沿的经济学框架。我们前面介绍的大部分内容，都是如何设计最优契约来减少信息不对称导致的逆向选择和道德风险问题。这背后有一个隐含假设，当事人是完全理性的，他们可以在契约（或合同）中考虑到未来所有可能的情况，并且契约的所有条款都是可以履行的。这样的契约被称为完全契约，否则就是不完全契约（incomplete contract）。

举例来说，你让快递公司帮你邮寄一个物品，在信息不对称的情况下，快递公司员工可能会乱收费，也可能丢失或损坏物品。为了防止这类道德风险问题，快递公司的服务协议会明确规定：多重的物品收多少钱，大概几天到达，物品损坏或丢失应该怎么赔偿，等等。总之，你和快递公司之间的契约似乎把方方面面都考虑到了，合同非常"完全"，有纠纷还可以去法院打官司，法院也能够判定责任归属。

但是，就算我们和快递公司的约定已经这么详细了，现实中依然发生了大量因为快递而导致的纠纷，而且这些纠纷并没有完全按照事先约定的方式去解决问题，反而让客户和快递公司频频陷入无休止的扯皮中去。这是因为，客户和快递公司的契约是不完全的，也就是说合同并不能真正囊括各种情况，或者在发生纠纷时借助第三方的力量来保证履约。

其实，学者们很早就注意到了不完全契约。早在1963年，美国威斯康星大学法学院教授麦考莱（Stewart Macaulay）就发现，很多契约是不完全的。他对68个商人和律师进行了深度访谈，发现了与完全契约理论预测截然相反的两个事实：第一，商人通常不会在合同中描述商品的细节，只是描述大致情况。例如，某个商人在过去的四年中有 60%—75% 的买卖合同没有规定细节。第二，商人遇到合同纠纷时很少索赔，几乎不打官司，而且即使到了法院立案率也不高。大家想想看，这个场景是不是跟你所处的真实世界非常类似呢？一旦发生商业纠纷，我相信大部分人都不会选择去法院打官司，对吧？

为什么会出现不完全契约？

面对麦考莱发现的契约"悖论"，经济学家需要新的理论解释。20 世纪七八十年代，以威廉姆森、哈特为代表的经济学家沿着不同的思路，深入分析了契约不完全的原因、后果和解决方案，从而形成了与完全契约理论相对的不完全契约理论。在前文，我们已经介绍过不完全契约理论及其应用。例如，我们从不完全契约的角度分析了企业应该集权还是分权，以及企业并购为什么会失败。

那么，我们来看一个关键问题：既然我们每个人都是理性的，在签合同时会考虑方方面面的问题，那么为什么还会出现不完全契约呢？

经济学家总结了出现不完全契约的三个原因。

第一个原因是有限理性。所谓"有限理性"（bounded rationality），按照诺贝尔经济学奖得主西蒙（Herbert Simon）的说法，就是人们试图理性地行事，但是实际上做不到。就好比你总想考100分，但是实际上最多考90多分。请注意，有限理性不是非理性。在理性的光谱上，非理性是一个极端，完全理性是另一个极端，而有限理性更靠近完全理性。如果人都是非理性的，那么我们就无法进行逻辑推理，也就不需要经济学分析了。正因为人是有限理性的，不是完全理性的，所以不可能预见到在契约执行过程中所有可能出现的情况，尤其是一些小概率事件，例如2001年的美国"9·11"事件、2002年的非典（SARS）事件，2020年的新冠疫情。因此，所有的契约都面临一定程度的不确定性。还是以快递服务为例。你将一个包裹从北京寄到上海，通常三天就能送达。然而，你根本没有料到南方突然下了暴雨，导致包裹延误并且耽误了非常重要的事情。一旦碰到极端天气，"三天送达"的事前约定根本就无法实现。

第二个原因是缔约成本。有时候，你也许能"先知先觉"，预见到履约过程中可能会出现一些突发事件或者所谓"不可抗力"，但是你很难用双方都清楚并且无争议的语言写进合同里。以突发事件为例，什么是双方都认可的突发事件？你可能需要分为自然灾害、战争、安全事故、群体性事件等多个大类，然后在每个大类下面再分若干中类，之后再将每个中类分出若干小类，直到每种情况的定义都得到当事人各方的一致同意为止。如果合同要包括所有这些情况，估计需要律师团队谈判几个月，然后增加几百页纸的篇幅。显然，这样的缔约过程成本太高，关键是每一方都希望对突发事件的定义符合自己的利益，因此根本就无法达成一致意见。

第三个原因是证实成本。有些事情对双方当事人来说是信息对称的,但是很难向第三方证实,这也会导致契约无法履行。我们将这种情况称为第三方信息不对称。例如,你将一部价值八千元的苹果手机当着快递员的面放进包裹里,然后从北京寄到上海。但是,你没有选择保价或者保险,也没有拍下包装快递的完整视频。很不幸,快递公司丢失了你的包裹,并且快递员声称忘记了物品是什么,你怎么办?你当然可以向快递公司投诉,也可以向法院起诉,但是你无法向法院证明你的物品是一部苹果手机。此时,按照《邮政法》的相关规定,快递公司完全可以按照三倍的运费赔偿你,最多不超过80块钱。

快递的例子表明,如果关键信息无法被第三方证实,即便合同包含了相关条款,遇到纠纷时也是废纸一张,有时甚至导致一方利用第三方不可证实的特点去占对方的便宜。这些年,很多地方政府都高度重视招商引资工作,但在此过程中也存在一些陷阱。例如,某些地方政府一开始承诺给予外来企业各种税收优惠以及低价土地,一旦企业在当地投资建厂了,就找各种借口敷衍了事,拒绝履行之前承诺的各种优惠政策。地方政府和企业之间的这种隐性契约就是一种典型的不完全契约。双方其实都知道地方政府违背承诺了,但是却很难举证。因为像税收优惠这类政策,在一定程度上是违反规定的,因此企业就算想打官司,也不可能打赢。而且,企业想要在当地生存,很担心地方政府以"莫须有"的名义给自己"穿小鞋",这种刁难也是难以证实的。比如,以消防不合格为理由,有关部门可以拒绝批准开工,这样会给企业带来很大损失。地方政府这种违背承诺、侵犯企业利益的行为,在契约理论中被称为"敲竹杠"。所谓敲竹杠,就是一方当事人利用契约不完全导致的漏洞向另一方当事人索取好处的行为。民间把某些地方政府对企业敲竹杠的做法称为"关门打狗",或者形象地比喻为"将外商打成内伤(商)"。

不完全契约的后果

前面介绍了不完全契约的三个原因,那么不完全契约会导致什么后果呢?首先,它会导致大量的讨价还价现象,严重时甚至会导致双方无法签订契约。其次,它会导致大量的契约纠纷,从而引发赔偿、重新谈判和毁约行为。双方对合同条款的理解不同,甚至导致了大量的司法诉讼。最后,它会导致敲竹杠现象。敲竹杠不但降低了社会的道德水平,而且降低了人们的投资激励,因为没有人愿意在一个被讹诈的环境下进行人力资本和物质资本的投资。在现实中,一些地方政府通过招商引资把一些企业吸引到当地投资。等到企业开始买地建厂了,地方政府就拒绝兑现当初允诺的优惠政策,甚至百般刁难。这就是一种利用合同漏洞进行敲竹杠的行为。经济落后地区要优化营商环境,推动经济增长,我认为关键一条就是减少招商引资过程中的不完全契约,促使双方诚实守信。

既然所有的契约必然是不完全的,我们如何避免不利的后果呢?在这里,我要介绍一下麦考莱教授的研究结果。他发现,商人们很少在契约中详细规定商品的细节，而是等供需情况完全清楚之后再进行谈判。既然合同不管怎么写都是不完全的，那不如一开始就写一个简单合同。但是出现合同纠纷怎么办呢？在一个重复博弈的市场上，声誉、口碑是解决不完全契约的工具。如果一方多次违约，虽然没办法去法院打官司，但是大家心知肚明，以后就再也没人跟他做生意了。相反，如果一个人诚实守信，言出必行，哪怕有时短期内会吃亏，但是长期来看会有越来越多的人和他做生意。这就是声誉的力量，也是市场的力量。

婚姻也是一种不完全契约

现在回到开头提到的离婚问题。为什么每天有 2 万多人离婚？**因为婚姻本质上就是一份不完全契约。**

第一，男女双方在结婚前根本无法预料到结婚后会遭遇的各种困境，例如感情不和、家庭责任分担不均、婚后出轨。第二，即便能预料到这些可能导致离婚的因素，也无法在婚姻契约中事先约定。以家庭责任为例，谁能把每天如何照顾小孩、如何照顾老人的义务规定得一清二楚呢？关键是，这些事情都是随时间不断变化的。在没有小孩之前，你永远无法想象照顾小孩有多么琐碎和辛苦。第三，夫妻之间的事情涉及个人隐私，很难向第三方证实。比如感情不和、价值观不同、投资理财失败，都是不方便公开的事情。也正因为婚姻是一份高度不完全契约，第三方很难干涉，所以古代才有"清官难断家务事"的说法。

在现实中，正因为认识到婚姻在本质上是一种不完全契约，所以人们对结婚越来越慎重。例如，双方通过延长交往时间来增进彼此的了解，以便尽量减少不匹配的婚姻。另一方面，法律和道德也在不断完善，对婚姻过错方施加了更多的约束成本。例如，法律规定，发生重婚、婚姻期间与他人同居、使用家庭暴力等行为的过错方应该对无过错方进行赔偿。

我们每天都要跟不同的人打交道，实际上每天都在参与各种显性或隐性的契约。买卖是契约，婚姻是契约，法律是契约，制度是契约，国家本身也是一种契约。所有的契约本质上都是不完全契约，只是不完全的程度不同。**很大程度上，世界的不完美正是源于契约的不完全。**

造成不完全契约的根源，是由于人的有限理性、缔约成本以及证实成本，因此人们签订的契约通常都是不完全契约，这会导致资源浪费，甚至滋生敲诈行为。但是，再好的契约也不能包罗万象、包治百病，因此有时简单的契约更有效率，这就是大道至简。

思考题

请思考一下，现实生活中，你知道哪些面对复杂问题的时候，却签订简单契约的事情？

第28讲　抵押和声誉

婚姻为什么要"门当户对"?

春秋战国的"质子外交"

这一讲的开始,我们先看一个历史故事。

春秋战国时期,诸侯国之间经常发生战争。为了维持国家之间的和平,各国通常会缔结一些和平条约。这些条约,就是我们所讲的契约。从契约履行的角度来说,如果个人或企业违约了,当事人可以申请法院强制执行。但国家之间的契约,就没法用这个办法了。因为国家是最强大的武力机构,世界上还不存在一种超越国家的强制力量。即便是联合国,也没法强制某个国家执行某些契约。因此,国家之间的契约是典型的不完全契约,不仅很多条款无法向第三方证实,而且就算违约也难以强制执行。为了解决这种不完全契约的履约难题,当时的诸侯国想出了一个好办法,就是"质子外交"。缔结契约的国家，相互把国王的公子送到对方国家去做人质。所谓的"质子"，就是被质押到对方国家的王室公子。质子都被安排在一国都城内，圈禁起来。一旦一方违背和平条约，对方就会首先拿质子开刀。

有人可能会想，一个国王往往有多个儿子，因此就算对方杀了一个质子，也不会动摇国本。但事情不是这么简单。首先，质子是王室中地位较高的公子，他代替国家到外国去经受磨炼，时刻有生命危险。这种独特的经历和功劳，有助于质子回国后担任国王。因此，质子在某种程度上就是国王的潜在候选人。正是因为质子有这种独特的地位，哪个国家都不会轻易牺牲掉质子。所以，古人还是很有智慧的，他们懂得在不完全契约的条件下，通过提供抵押品（质子）来保证和平契约的履行。

彩礼是一种抵押品

我们在前文讲过，婚姻也是一种典型的不完全契约。因为双方在结婚前无法预料到结婚后的种种矛盾，婚姻生活中的很多冲突也无法向第三方证实，所以婚姻容易破裂，并导致大量离婚事件。那么，在维持婚姻关系方面，人们能否借鉴质子外交的思路，通过抵押品来减少不完全契约的后果呢？当然可以，事实上，中国传统的婚姻关系中，一直存在抵押品，就是彩礼。所谓彩礼，就是男女双方家庭在初步确定婚姻关系时，向对方赠送的聘金、聘礼和聘财。

为什么彩礼本质上是一种抵押品呢？首先，彩礼是一种定金。

这种定金是为了敦促男女双方实现婚约。如果一方在结婚前反悔了，按照习俗，彩礼一般不能收回。在有些地方，如果双方同意解除婚约，彩礼也要扣除一部分，作为"精神损失费"。因此，彩礼起到了押金的作用，有助于双方遵守契约精神。其次，彩礼的金额不低。作为一种抵押品，如果金额太低了，那就起不到对违约者惩罚的作用。

彩礼是一种信号发射机制

更重要的是，彩礼不仅仅是一种抵押品，它还是一种筛选机制。彩礼之所以有助于维持婚姻契约，是因为在信息不对称的前提下，它能发挥事前的筛选作用。

从事前来看，彩礼能够减少婚姻机会主义者。所谓婚姻机会主义者，就是一方想通过结婚的方式，骗取对方的钱财和社会地位，然后再背叛对方。不管是古代还是现代社会，"凤凰男"欺骗富家女的真实故事比比皆是。比如，曾有新闻，一名男子通过花言巧语骗取了一名江苏女子的信任，结婚之后不断索取女方钱财。等钱财骗得差不多了，就设下陷阱，在泰国旅游期间企图将女子杀害，然后再骗取巨额保险。幸运的是，女子活下来了，并且警方已经逮捕了此人。

俗话说，知人知面不知心。男女双方在结婚之前，彼此都有很多隐私，在个人品德、能力和财富等方面存在严重的信息不对称。古代男女双方甚至在婚前从未谋面，信息不对称程度更加严重。那么，如何将那些婚姻机会主义者排除在外呢？彩礼就是一种有效的筛选机制，它至少能起到两个作用。第一，表明当事人确实有结婚的意愿。因为如果没有结婚，彩礼就会被对方没收。第二，表明当事人具有一定的经济实力。前面说过，彩礼和"份子钱"类似，其金额与经济水平是正相关的。如果一个家庭能够承担一定金额的彩礼，至少说明这个家庭经济实力还可以。虽然婚姻的幸福程度和经济水平并不是一一对应的，但是没有经济基础的婚姻是很难长久幸福的。套用一句俗话：金钱不一定能买到幸福，但没钱肯定没有幸福。在理想状态下，每个人都希望找到自己的真爱，然后白头偕老。但我们毕竟生活在一个不完美的真实世界里，这个世界充满了各种信息不对称。在信息不对称条件下，必要的彩礼其实就是我们前面讲过的信号发射机制，它不能保证我们找到最合适的伴侣，但是至少能将那些婚姻机会主义者排除在外。在前面那个杀妻骗保案件中，如果那个富家女子知道对方负债累累，就会多一个心眼，就不会被对方的花言巧语或者献殷勤所"感动"，那么最后悲剧很可能就避免了。因此，通过彩礼来甄别对方的诚意和能力，固然不是完美的办法，但它是信息不对称条件下的次优选择。

有了彩礼这个信号之后，我们想象一下婚姻市场的博弈均衡。我们可以按收入将所有男女分为三档：最有钱的第一档，比较有钱的第二档，最穷的第三档。如果允许男女双方自愿选择，那么在相貌差不多的情况下，第一档的男女双方会相互匹配，然后第二档的男女双方也会相互匹配，最后只剩下第三档的男女双方匹配。对于第一档的女方来说，既然有跟自己相貌相当同时家庭经济实力差不多的男方，她为什么要选择嫁给第二档和第三档的男方呢？女方会这么想，男方也会这么想。于是，最终三个档次的家庭按照收入水平实现了完全匹配。**博弈论可以证明，男女双方门当户对是一个稳定的均衡**。在现实中，确实有一些富裕的女方家庭接纳了贫穷的男方家庭，或者反过来，但这毕竟是少数，而我们关注的是多数情况。

门当户对的组合，不仅可以实现事前的筛选功能，还能减少事后的道德风险行为。原因在于声誉机制。所谓声誉机制，就是当事人利用名声、口碑、信誉等力量来维持契约的机制。在现实中，门当户对的家庭有相似的背景，更容易形成重合的社交圈子，从而借助外部力量维持婚姻。大家想想看，什么人更注重声誉呢？你会想到明星、官员以及社会精英。事实上，这些群体之间更容易形成门当户对的婚姻。比如，不管是国内还是国外，著名的政治世家之间，经常会出现联姻。又比如，中国的娱乐圈也流行明星跟明星结婚。在这些行业，如果一方出轨或者犯错，很容易在圈子内传出坏名声，这对于事业发展以及再婚都是很高的成本。因此，婚姻双方可以借助声誉的力量，对一方出轨或者婚内违法行为形成一定的威慑。

天价彩礼并非完全无理

按照前文的分析，既然彩礼既是一种有效的抵押品，又是一种信号发射机制，那么彩礼是不是越高越好呢，我们又该如何看待现实中的"天价"彩礼现象？

说到"天价"彩礼，我老家江西就有一例。一个老家的朋友给我发了一张当地的彩礼单，全文如下："某某先生与某某小姐乃是天生一对，经长期的自由恋爱，志同道合，愿结百年佳偶，永不变心。经双方面议如下：1、议酒席 36 桌；2、议见面礼 2888 元；3、议服装 9888 元；4、议黄金 120 克；5、议手机一部；6、议汽车一台；7、议住房一套；8、议家电齐全；9、议家具齐全；10、议礼金 288888 元。"

在上面这张礼单中，直接的礼金就要 28 万多，加上汽车和住房，总价值 80 万以上，因为上面提到的住房有可能是指新房。如果现有住房也可以，那么至少要 40 万元。网上流传的全国彩礼最贵的福建省是 30 万，跟这个比是"小巫见大巫"了。

在前文我们说，婚姻的幸福程度和经济水平不是一一对应的。因此，我绝对不赞成钱多就一定幸福的说法。事实上，经济学研究表明，收入水平和幸福程度不是成比例的，而是倒 U 型关系。也就是说，在收入水平较低的情况下，收入提高会带来幸福感的提高，但是当收入高到一定程度之后，收入高反而可能降低幸福感。在这个意义上，我认为彩礼应该有一个度，就是不能明显超过自身的经济水平。否则，婚后的生活就会面临严重的财务压力。原因是，不管女方收了男方多少彩礼，这些财务支出的相当一部分，恐怕还是要夫妻双方在婚后一起来承担。如果因为彩礼而陷入婚后财务困境，又何必当初呢？

但是，假如双方是完全自愿并且有能力承担的，那就另当别论。其实婚姻也是一个市场，婚姻的价格会受到男女双方供求关系的影响。如果一个地方男多女少，并且有钱的男方较多，那么彩礼自然会水涨船高。此时，高彩礼是一个均衡价格。但是，如果人们认识到女性的地位越来越高，或者女性在婚姻市场上越来越有话语权，那么当地人就会多生女儿，这样就会将彩礼价格逐步降下来，从而形成新的均衡。

当然，有人可能不同意，认为过高的彩礼价格会给双方带来压力，并且导致相互攀比和恶性竞争。在有些地方，有关部门将彩礼的上限规定为2万元，超过2万元就可能罚款。我认为这种做法的出发点是好的，但是效果未必好。

第一，现金形式的彩礼价格只是彩礼真实价格的一种。在女方"供不应求"的地方，当然可以规定彩礼金额不能超过2万元，但女方家庭可以要求提供汽车和住房，以及以金银首饰等实物形式进行补偿。那这不是换汤不换药吗？经济学理论可以证明，实物比现金更容易导致效率扭曲，因为购买实物还有额外的成本。第二，人为压低彩礼价格，可能导致女方家庭利益受损。其实，从理论上讲，较高的彩礼价格有助于改变当地人"重男轻女"的不良传统。如果市场价格是有利的信号，人为干预可能适得其反。

所以，婚姻是一种不完全契约，而彩礼作为一种抵押品有助于维持婚姻契约。彩礼的主要作用还有两个，一是在事前提供了一种信号发射机制，筛选掉一些婚姻机会主义者，二是彩礼有利于形成一种门当户对的匹配关系,并且借助声誉机制维持婚姻关系。彩礼的价格有其合理的成分,关键是适度引导,而不是强制压低。

思考题

有人认为,婚前财产公证降低了有钱家庭的离婚成本,削弱了门当户对的匹配结果,从而不利于维持稳定的婚姻。请问你是否同意这种看法?

第29讲　少比多好

为什么合同要故意留下漏洞？

被忽视的重要条款

传统观点认为，契约（或者合同）是保护当事人权益的一种工具。因此，不管是做生意，人际交往还是制定规章制度，原则上契约应该越详细越好，条款越多越好，这样就可以减少各种漏洞。世界上最复杂、最详细的契约，应该是美国税法。在美国有一句名言：人这一辈子有两件事情是不可避免的，死亡和纳税。因此，为了防止公民逃税，美国税务局编制了事无巨细的税法体系（IRC），光是目录就有9800多条，装订起来总共有将近7万页纸。

但有趣的是，很多非常重要的契约，内容却非常简单，甚至有意忽略一些重要条款，属于明显的不完全契约，就是合同没有详细规定所有可能的情况，而是等事情出现之后当事人再进行谈判和修订。例如，劳动合同是一种契约，但是在公司的聘用协议里，不会规定经理的上下班时间。婚姻是一种契约，但是多数夫妻不会详细地规定结婚后谁洗碗、谁做饭、谁带孩子。有一个例子更加典型，1787年美国宪法颁布时，甚至都没有包含涉及公民根本利益的《权利法案》。作为国家根本大法的宪法，居然没有涉及公民的权利。这就出现了一个有趣的问题，为什么一些契约要故意留下明显的"漏洞"呢？

有人说，因为这些被遗漏的条款都是不可证实的，所以写入契约也没有实际用处。这个说法难以成立，因为上下班时间、家庭基本义务，都是可以证实的。

还有人说，因为所有权利和义务都写入合同就会导致合同条款无限多，所以干脆少写一些。这个逻辑也站不住脚。因为重要的条款显然应该写入，比如公民的基本权利，应该省略的是一些不太重要的条款。

为什么不将或然事件写入契约

经济学就是一道选择题，人们做选择时，总是在成本和收益之间比较。因此，一些能够被预测、被证实的条款却没有写入契约之中，一定是因为写入这种契约的成本超过了收益。顺着这个思路，诺贝尔经济学奖得主、哈佛大学教授哈特从行为经济学的角度提出了一个有趣的解释。我们在前面讲过，哈特把契约看作是一种参照点，如果当事人在事后感觉契约赋予自己的权益得到了实现或者得到了公平对待，那么他就会按照契约精神来履行，否则他就会采取一些投机行为，包括背后捣乱、推卸责任甚至报复对方。在此基础上，哈特教授进一步扩展了参照点理论。他将契约主体内容之外的另类事件称为"或然事件"（contingency），一般是指随机性的、不确定性的事件以及难以预料的突发事件。比如，路上堵车、自然灾害以及流行病等。在契约中写入或然事件的好处是，一旦或然事件出现了，双方按照契约规定的条款履行，这样可以减少事后双方的谈判成本。

但是把或然事件写入契约的成本是，因为或然事件的定义往往是不确定的，这样就导致契约的主体内容成为一个参照点，而或然事件成为另一个参照点。一旦或然事件发生了，双方在事后谈判时，每个当事人都会寻找对自己有利的参照点，这就会导致"双重标准"。因此，两个参照点会带来更多的谈判成本，从而降低了契约履行的效率。相反，如果一份契约中只有一个参照点的话，那么双方不会就此产生冲突。简单地说，将或然事件写入契约，虽然节约了某个具体事件的谈判成本，但是带来了很多衍生的谈判成本，得不偿失，因此不如在契约中忽略这些或然事件。

为了更好地理解参照点理论，哈特教授举了一个生活中的案例。假如你雇用了一个保姆照看小孩。你与保姆的劳动合同中规定，周一到周五的上午9点到下午5点是上班时间，每小时工资是30元，5点的时候交班。但是你有时下班会堵车，这样保姆就必须临时加班，这属于迟早会发生的或然事件。你可以在合同中规定，如果临时加班，保姆的工资是 50 元 / 小时；你也可以在合同中忽略这类或然事件。将临时加班情况写入合同的好处是，只要你在交班时出现迟到现象，就按 50 元 / 小时的工资支付给保姆，这样节约了再谈判成本或者扯皮现象。但坏处是，假如你周末临时有事或者要出差，想让保姆周末多干一天，然后周一休息一天，实际上就是调休，此时就会产生纠纷。你把合同规定的基本工资当作合理的参照点，认为调休的工资应该是 30 元 / 小时，但保姆会把临时加班的工资当作合理的参照点，因此她会要求 50 元 / 小时。在双方的争论过程中，每个人的立场不同，很难说谁对谁错。如果你坚持每小时 30 元，保姆就会认为不公平，她可能采取投机行为，例如偷懒甚至虐待孩子。对于父母来说，孩子就是最重要的宝贝。因此，考虑到保姆投机的严重后果，理性的你一定会选择不将临时加班的条款写入合同，而是在需要临时加班时，一事一议，跟保姆重新谈判。这反而是一个双赢的结果。

雇用保姆的案例是一个正面案例，我再给大家讲一个反面案例，表明合同条款越详细，有时反而麻烦越多。在经济学界一直流传着这样一个经典笑话。有一个被誉为天才的经济学家桑福德（Sanford），他和一个建筑商签订了一份为他建造房屋的合同。说到这里，我要插入一点背景知识。在美国，很多居民不是像中国人买房那样，去购买开发商建好的商品房，而是先买一块地，然后自己找建筑商设计并建造房子。作为一个理性的经济学家，桑福德并不信任建筑商，为了防止建筑商偷工减料、磨洋工，或者采取其他道德风险行为，他充分发挥其聪明才智，写了一份极其详细的合同，从建筑材料到装修风格再到完工时间,应有尽有。到了房屋验收时,他突然发现了一个严重的问题:屋顶会漏水。更要命的是,他居然忘了将"屋顶不能漏水"这一条款写入建筑合同。于是,他拒绝给建筑商支付工程款项,建筑商当然不干了,于是双方诉诸法院。结果法官判决桑福德败诉,理由是:既然桑福德的合同如此详尽,却没有考虑屋顶漏水问题,说明这个问题并不妨碍合同履行。从参照点理论的角度讲,桑福德给合同加入了太多的参照点,反而模糊了合同履行的重心,以至于让对方钻了空子。讽刺的是,桑福德还是契约理论方面的权威经济学家,他不知道中国成语中有"挂一漏万""智者千虑,必有一失"的说法,也算是以身试法了。

合同也不是越短越好

上面的两个案例从一正一反给了我们启发,**根据参照点理论,在制定契约时,应该删繁就简,因为有时多一个选择,反而少了一条退路**。那么,契约是不是越简单越好,合同条款是不是越少越好呢?也不是。哈特教授认为,如果或然事件的定义本身是清晰的,双方无争议,那么将或然事件写入契约就能减少具体事件的谈判成本,又不会增加衍生的谈判成本,此时契约越详细越好。比如,你和保险公司签订人身保险合同,通常会涉及重疾险条款。那么,保险公司要不要在合同中列举"重大疾病"的范围呢?从理论上讲,如果保险公司只列举了20种重大疾病,那么一旦不属于这个范围的疾病发生了，客户和保险公司之间很可能会发生争议和谈判成本。但事实上，保险公司都会详细列举重大疾病的范围。原因是，行业主管部门中国银保监会和中国医生协会曾经制定了一个权威的重大疾病清单。不管是保险公司、客户，还是法院，都会默认这个第三方提供的"重大疾病"范围是最权威的，最少争议的。换句话说，面对权威的第三方提供的"参照点"，双方当事人认为是公平的，这样就避免了事后的投机行为。因此，保险公司的合同通常都很详细。比如，某个保险公司发给我的人身保险合同，总共有120页，加上附件"产品说明"，总共超过200页。

需要说明的是，我们这里提到的"或然事件"是一种简便表述，它绝不仅仅指小概率事件或突发事件，而是包括所有细节是清晰的、但范围是模糊的事件。运用参照点理论，我们可以解释开头提到的雇用合同、婚姻以及美国宪法故意留下的"漏洞"。这些"漏洞"都属于细节清晰但范围模糊的事件。

在第一个例子中，劳动合同里不明确规定经理的上下班时间，至少有两个好处：一是避免了其他时间上班是否属于"加班"的争议，从而减少了公司支付的加班费；二是便于公司根据工作日程需要，实行灵活的上下班时间，或者进行调休。比如，有的公司为了推进某个重要项目，可能会要求员工连续半个月上班，然后连续休息几天。

在第二个例子中，婚姻契约中不规定家庭劳动分工，是因为实际生活中经常需要根据夫妻双方的工作性质、上下班时间以及收入情况来调整夫妻双方的分工，提前规定了分工就会导致事后有很高的谈判成本或调整成本。

在第三个例子中,美国宪法一开始没有写入《权利法案》,是因为一旦明确了公民权利的范围,政府就可能利用强权限制那些没有被纳入范围的公民权利。比如,权力法案如果没有将公民喝酒的权利写入,那么一旦政府限制买酒,尽管这一行为侵犯了公民权利,但公民可能无法起诉政府。换句话说,明确了公民的权利范围,反而把公民权利限制住了,等于给自己挖了一个坑。

总之,参照点理论认为,与其规定一个容易引起争议的具体范围,不如留下一个没有争议的模糊范围。换句话说,我们知道自己不知道什么,比我们不知道自己知道什么更重要。

我提醒大家注意一点,一定不要把契约理论仅仅当作一个经济学理论,它实际上具有广泛的应用价值。事实上,参照点理论关于契约"故意"遗漏重要细节的观点,不仅对我们构建商业契约或人际关系具有重要的启发意义,而且其中蕴含的哲学思想也有助于设计精巧的国际契约,形成良好的国际关系。例如,面对中国与周边国家的领土争议,我国曾提出"搁置争议,共同开发"的基本原则。这实际上是告诉我们,在两国关系中,要牢固构建一个没有争议的参照点,而将那些可能产生争议的参照点排除在两国契约之外,并且相信我们的后代有足够的智慧在未来消除那些争议。

传统观点认为,契约规定得越详细越好,但是根据参照点理论,契约规定得很详细虽然减少了某些具体事件的谈判成本,却增加了相关事件的更多谈判成本,导致得不偿失,因此有时应该故意留下一些"漏洞"。用中国传统智慧来说，双方在制定契约时，既然"智者千虑，必有一失"，不如"大智若愚，大道至简"。之前我们解释了什么是不完全契约以及不完全契约的后果，本讲我们发现有时不完全契约反而是次优的。从这个意义上讲，我们不必去苛求一个完美的世界。世界的不完美，某种程度上是一种"理性的"不完美，是一种自我调整的最佳状态。如果大家想通了这一点，那么很多事情也许就没有那么烦恼了。

思考题

中国民间有句谚语："升米养恩，斗米养仇。"意思是说，如果一个人非常饥饿，你送给他一升大米，他会非常感激。但如果你一直送，他就认为这是理所应当的。一旦你停止送米，他不仅不会感激，反而对你心生仇恨，甚至以怨报德。请问，你在现实中是否也遭遇了这种情况，或者你是否听说了类似的情况呢？然后请用参照点理论进行解释。

第30讲 拍卖理论

怎么让你手里的宝贝卖出天价?

科比的球鞋

喜欢篮球运动的人,肯定都知道NBA(美国职业篮球联赛)超级明星科比·布莱恩特(Kobe Bryant)。不幸的是,2020年1月27日,科比因为直升机坠毁而不幸去世。科比去世的消息刚刚发布,与科比有关的球鞋、球衣以及相关商品,立即在网上被炒出了天价。例如,一款紫金色的耐克牌42码球鞋,原本售价是1999元,在某些网店上被炒到了19999元,24小时之内价格涨了10倍!

如果你手里正好收藏了一双限量球鞋,那么你的藏品就升值了。不过,即便你没有收藏科比的球鞋,这一讲的内容对你搞收藏、开网店,至少赚点零花钱,都可能有所帮助。因为我会告诉你,为什么一件看上去普通的商品,能够在市场上卖出高价。

以科比同款的球鞋为例。同样一种商品，成本没有任何变化，为什么价格涨了 10 倍呢？首先，这跟商品的销售方式有关。按照传统的市场销售方式，商品的定价应该"随行就市"。也就是说，市场上这类商品的价格是多少，你就卖多少。在一个竞争性市场上，你多卖一块钱，东西都没人要。因为在竞争性市场上，有无数个卖家和你卖同样的东西，买家绝不愿意多花一分钱。

其实，除了传统的销售方式，还有另一种特殊的销售方式——拍卖。通过某个平台——比如拍卖行或者"淘宝""闲鱼"这样的电商网站，将潜在的买家集中起来，然后让他们相互竞价，这样最终出售的价格就会"水涨船高"，甚至远远超过正常的市场定价。在现实中，很多矿产、珠宝、古董、字画都是通过拍卖的方式销售出去的，很多地方政府的工业用地和商业用地也是通过拍卖的方式销售出去的。大家可能知道，17 世纪的荷兰，郁金香的拍卖形成了一个巨大的产业，甚至后来导致了可能是人类历史上第一次经济泡沫。

其实，拍卖本来不是一件非常"高大上"的销售手段。在人类早期的农贸市场上，如果两个农民都想买一头牛，或者都想买一根红薯，两个人就要参与竞价，这个竞价过程本质上就是一种拍卖。从这个意义上讲，市场上所有的交易背后都是一个隐含了拍卖的过程。因此，拍卖其实无处不在，无时不有，它不是什么特别神秘的事情。

但是，不是所有的商品都适合拍卖。比如你拿一瓶普通的矿泉水去闲鱼上卖，根本就没人感兴趣，也不可能卖出比市场更高的价格。

因此，如果你想通过拍卖的方式，把一件商品卖出高价，你需要掌握的第一个知识点是：什么样的商品适合拍卖？适合拍卖的东西，必须是稀缺的、个性化的商品，比如古董、玉石、限量版奢侈品以及名人用过的东西。从经济学角度讲，稀缺就意味着垄断，就具备自主定价的能力。因此，**拍卖本质上是将个性化的商品进行价值变现的一种资源配置方式。**

给产品注入情感

问题是，古董珠宝这类贵重物品，我们普通人是可遇不可求。那么，怎么让你手里的普通商品看上去不"普通"呢？秘诀在于，你要让冷冰冰的商品变得有感情，为它注入故事、情怀和个性等元素。

我们举个例子。普通的橙子，大概是3块钱一斤，但是"褚橙"却可以卖到15块钱一斤。凭什么？就凭广告词"人生总有起落，精神终可传承"。这句话传递的是，当年的云南红塔集团董事长、"烟草大王"褚时健，经历了牢狱之灾后，75岁开始创业的励志故事。说白了，褚橙卖的不只是橙子，而是情怀，而情怀是无价的。与科比同款的鞋子之所以能够卖出上万元的高价，是因为那款鞋子打上了科比的烙印，成为一种珍贵的纪念品。

假设你现在给自己的商品注入了个性化的元素，是不是往淘宝或闲鱼上一挂，就能卖出高价呢？没这么简单！拍卖是一门高深的学问。如果拍卖方式设计不当，会导致巨大的经济损失。专门研究和设计拍卖的经济学家柯伦柏（Paul Klemperer）举了一个例子。2000年，同样是对3G（第三代无线通信技术）的运营牌照进行拍卖，英国政府的拍卖收入高达创纪录的390亿欧元。同一年，荷兰政府照抄英国的拍卖方案，却只拍出了不到30亿欧元，还不到预期收入的三分之一，跟英国的收入相比更是天壤之别。

两种拍卖方式

正因为拍卖是一门科学，所以我们要专门介绍一下拍卖背后的经济学逻辑。

首先，我们来了解一下拍卖的基本知识。拍卖品的所有者（委托人）提供的拍卖品被称为标的物，参与竞标的买家被称为投标者。从契约理论的角度来看，针对同一个标的物，每个投标者都有自己的心理价位，这个价格就反映了不同投标者的类型。在现实中，每个投标者在拍卖前是不知道其他买家的心理价位的，因此拍卖者之间彼此存在一种"事前的信息不对称"。由于一次拍卖有多个投标者，每个投标者都有自己的心理价位，因此拍卖属于多边信息不对称问题。1996年，经济学家维克瑞（William Vickrey）因为拍卖理论的贡献而获得了诺贝尔经济学奖。2020年的诺贝尔经济学奖再次授予了拍卖理论，得奖者是米尔格罗姆（Paul R. Milgrom）和威尔逊（Robert B. Wilson）两位斯坦福大学教授。

全世界有两种主要的拍卖方式。

第一种是英式拍卖。拍卖师从低到高叫价，出价最高的竞拍者以最高价获得商品，因此它也叫升价拍卖。英式拍卖是最常见的拍卖方式，中国很多地方的土地使用权就是采用这种方式拍卖。英式拍卖的优点是，交易效率很高。如果一个投标者喊出了很低的价格，后面的人就会加价，这就避免了超低价中标的不利结果。但它的缺点也很明显，就是容易导致"围标"。所谓围标，就是多个竞拍者暗中串通，通过压低报价让某个人中标，这可以算是一种合谋行为。例如，在德国 3G 牌照拍卖过程中，某个电信企业好几轮公开报价的末位数字都是 6。据说这是该企业发射的一个信号，表示它愿意和剩余投标者合谋，在出现更高价之前结束拍卖。

英式拍卖是一种公开叫价的拍卖，还有一种是密封价格拍卖。在拍卖时，每个投标者将自己的报价写在一张纸上，并用信封装好，然后交给拍卖师。拍卖师拆开所有信封，当场宣布出价最高的人是赢家，他支付的价格就是最高价。请注意，在密封拍卖时，每个投标者无法看到别人的出价。因此，密封价格拍卖的优点是防止围标。但它的缺点是，有可能导致低价中标，从而破坏了交易效率。出得起高价的强势投标者在秘密出价的情况下，不知道出价多少才能赢，同时又希望获得更多利润，因此不愿意出价太高。这就导致出不起高价的弱势投标者可能以一个较低的价格赢得了拍卖。

当心拍卖中的陷阱

正规的拍卖其实也充满了各种陷阱,有时惊心动魄,有时跌宕起伏。因此,我们需要掌握的第二个知识点就是,如何避免拍卖中的常见陷阱。最主要的陷阱有两个:一是"流标",二是"围标"。所谓流标,就是标的物的最终拍卖价格低于委托人事前设定的保留价,委托人宁愿不卖,于是拍卖结果作废了。如果拍出的价格远低于委托人的期望价格,就算成交了,其实也是一种流标。

以英国3G牌照拍卖为例。2000年初,英国政府计划拍卖四张3G牌照。电信牌照属于全国性的垄断商品,通常只有实力雄厚的大型电信企业才有实力购买和运营。在当年,已经有四家电信企业在运营2G牌照,它们在竞争3G牌照时肯定拥有在位者优势。如果是四个在位企业竞争四张3G牌照,并且每个企业最多只能拥有一张牌照,那么四个在位企业中标的概率很大,它们就没有激励出高价,这会导致低价中标或者流标。但如果让很多陌生的竞标者参与进来,又担心出现围标问题。

那么,有什么办法可以一方面诱使投标者出高价,另一方面又避免围标呢?拍卖专家柯伦伯为英国政府设计了一种两阶段拍卖方式,巧妙地解决了这个难题。

在第一阶段,采取英式拍卖,按报价结果从高到低筛选出五个投标者。注意,是五个投标者,它比在位企业的数目四个多一个,这是关键。在第二阶段,让这五个投标者参与密封价格拍卖,并且规定每个投标者第二阶段的秘密报价不能低于自己在第一阶段的公开报价。最后,从秘密报价中按出价高低选出四个获胜者,每个获胜者获得一张牌照。

在这个两阶段拍卖中,柯伦伯利用英式拍卖的优点,通过公开竞价避免了低价中标,提高了交易效率;然后又利用密封价格拍卖的优点,通过秘密出价避免了围标。真是天才!这次拍卖为英国政府筹集了创纪录的390亿欧元,可谓大获全胜。

那么问题来了,"抄作业"的荷兰为什么就失败了呢?原因很简单,荷兰有五个在位的2G电信企业,准备发五张3G牌照,牌照数量和在位企业数量相同,产生不了拍卖应有的竞争效应,结果导致低价中标。看来,荷兰还是没有做好功课,连作业都不会抄。这也从一个角度说明,经济学家是有价值的,因为经济学家设计的政策确实能够在很大程度上影响社会福利。好的政策或制度,能够给国民带来福祉;而坏的政策或制度,则可能会带来灾难性的后果。从这个角度讲,经济学家的水平确实很重要。

再补充一句,获得2020年诺贝尔经济学奖的威尔逊教授,不仅是拍卖理论的创始者之一,他同时也致力于将经济理论与经济政策有效结合,推动了经济学的某个分支逐渐具备了"工程经济学"的特质。什么是工程经济学呢?就是经济学理论可以像工程学一样,通过精确的设计和计算,来直接改变世界,提高社会福利水平。

拍卖理论和实践给我们带来什么启发呢?

第一,如果你想将一样东西卖出高价,你首先要将它变得个性化。实现个性化的方式有很多，关键是让产品不再是产品，而是故事、情怀、文化。第二，要想办法找到对产品感兴趣的高价值客户。拍卖网站的作用主要是将有购买欲望的客户集中起来，而成为"网红"也是一种召集潜在客户的方式。第三，要想办法防止买家之间合谋。密封价格拍卖是其中一种方式，你也可以利用买家之间的信息不对称，让他们无法合谋。

在市场经济中，很多单位都要举行工程招标、项目招标或者物资采购。其实，招标和拍卖在本质上是一样的，都是一种多边信息不对称下的资源配置方式。只不过，招标的目标是尽可能找出最低价中标，而拍卖的目标是尽可能找出最高价中标。因此，拍卖理论完全适用于招标采购问题。

除了招标采购，在某种程度上，我们所有的个性化商品或劳务的销售都可以看作是一种拍卖。比如你有一个创业的想法，这个想法是独一无二的，你如何能够吸引更多的风险投资呢？又比如，你有一套独特的咨询方案或者设计文案，如何能够高价卖给潜在客户呢？在遇到这些问题时，你会发现，掌握一点拍卖理论是大有裨益的。

思考题

请用所学的拍卖理论分析一下，"网红"李子柒的手工农产品为什么一年能够卖出几亿元的销售额？

第五章

政府和国家的经济学分析

第31讲 共同代理问题

为什么食品安全问题不好管？

俗话说，民以食为天。吃饭是天大的事情，但是食品安全问题一直是我们这个社会的难题。2008年发生的三聚氰胺事件，让国产奶粉市场备受打击；2019年3月，上海中芯国际学校又发现食物发霉变质问题，再次让家长们忧心忡忡。食品安全关乎每个人的生命安全，但是为什么这么多年就是管不好呢？这一讲，我从契约理论的角度和大家谈谈这个重要问题。我在本书不断地强调，经济学不仅是一个学科，而且是一种思维方式。有时候，从经济学的角度思考问题，我们会得到截然不同的答案。

共同代理理论

首先，按照解决问题的传统思路，一旦出现了某类社会问题，老百姓就希望政府严加监管。方法主要就是两个方面：一方面，政府协调所有相关部门，严抓共管，从各个环节减少问题发生的原因；另一方面，加大处罚力度，所谓"治乱当用重典"。但是大家想过没有，每次出现严重的社会问题，政府都加强监管，加大处罚力度，问题有没有彻底解决呢？似乎并没有。例如，2017年11月，十几个家长发现北京市朝阳区一家名叫"红黄蓝"的幼儿园，出现了老师给孩子扎针的虐童现象，引起了极大的社会关注。在民意的敦促下，政府很快成立调查组进行调查，法院对有关人员判处了刑罚。但是，此后虐童事件杜绝了吗？也并没有。这就说明，加强管制固然是必要的，但是一味地加重管制，未必能够完全解决问题。**我们不能形成一出事就寄希望于"管"的惯性思维。**

下面，我从契约理论的角度，给大家介绍一个脑洞大开的观点，它叫"共同代理理论"（common agency theory）。共同代理理论认为，在信息不对称的条件下，监管者越多，目标就越多，被监管者就越是无所适从，最后完成目标的情况就越糟糕。共同代理理论告诉我们，不是管的人越多，事情就越能管好，它也可能导致南辕北辙的后果。

什么叫共同代理呢？在契约理论中，上级或者老板被称为委托人，而下属或者员工被称为代理人。在前面的章节中，通常假设有一个老板（委托人），他管理一个员工（代理人）。现在变成了多个老板管理同一个员工，这种情形就叫共同代理。在真实世界中，共同代理现象非常普遍。比如，在公司里，一个职工既要听从他的直接上司（比如部门主管），又要服从职能部门的领导（比如总监）；在政府中，一个城市的财政局局长既要听从市委书记的指示，又要落实市长的要求。

共同代理理论的提出者，是斯坦福大学的本海姆（Douglas Bernheim）和哈佛大学的温斯顿（Michael Whinston），他们提出这个模型的文章发表于1986年的世界顶级经济学期刊《计量经济学期刊》。有意思的是，两位作者年龄相仿，都在哈佛大学、西北大学和麻省理工学院这三所世界一流大学学习或工作过，而且一起合作发表了多篇高水平论文，可以说是经济学界的著名组合。

我们感兴趣的问题是，为什么监管机构越多，像食品安全这种事情反而越是管不好呢？大部分老百姓都要吃猪肉，因此确保猪肉安全是非常重要的食品安全工作，那我们就以猪肉为例，用共同代理理论来解释信息不对称条件下的食品安全监管困境。

11个部门管一头猪

我首先问大家一个问题，你知道我国有多少个部门管理一头猪吗？我给大家列举一下。（1）猪的育种、授精由农业农村部管理，繁殖补贴由发改委发放，这是2个部门；（2）猪吃的饲料由粮食局组织研究，饲料生产由农业农村部管理，饲料的存储由央企中储粮负责，饲料的进出口和安检由海关和质检总局把关，这又增加了4个部门；（3）在猪的养殖环节，传染病由卫生部门管理，排泄物由环保部门管理，屠宰由农业农村部门和公、检、法等部门一起管理，这就增加了 5 个部门；（4）在猪肉上市环节，销售由市场监管局负责，价格由商务部门负责。这样加起来，从猪的繁殖、养殖再到上市，至少有 11 个部门参与管理。

这 11 个负责猪肉监管的部门，就相当于是 11 个委托人，被监管的养猪场就是代理人。在这个委托—代理环节中，请注意三个要点。第一个要点是，多个委托人和代理人之间存在事后的信息不对称问题。虽然有 11 个部门监管，但这些委托人不可能每天 24 小时知道养猪场在干什么。在这种信息不对称的情况下，养猪场可能会给猪喂养不合格的饲料，或者在杀猪时往猪肉里注水，或者发现猪瘟后隐瞒不报，这些都属于我们前文提到的道德风险行为。第二个要点是，每个委托人都有各自的职责和工作范围，因此多个委托人的目标是不太一样的。比如，农业农村部主要确保饲料不出质量问题，发改委主要是通过补贴政策鼓励养猪企业扩大产量。第三个要点是，不仅 11 个监管部门目标不同，彼此之间也不可能每件事情都沟通，因此多个委托人之间存在一定程度的信息不对称。

这就是共同代理问题的三个基本特征：存在信息不对称问题，委托人目标不同，彼此之间很少通气。大家想想看，我们经常面对的共同代理问题，是不是都存在这三个基本特征呢？

在信息不对称的情况下，监管部门和养猪场在博弈过程中会做出什么反应呢？11 个监管部门相当于 11 个委托人设定的目标，但是代理人养猪场只有 1 个，而且它的时间精力是有限的。因此，这就相当于 11 个委托人给 1 个代理人安排了 11 项任务。让我们回忆一下前面讲过的多任务代理模型，当时，我以 KPI 考核为例，证明当一个员工同时从事两项任务时，员工会在两项任务之间顾此失彼，导致 KPI 考核失败。在共同代理下，代理人的精力是有限的，因此他同样会在多项任务之间套利，就是看哪个任务好完成、哪个任务完成后得到的奖励更多，就优先去完成哪个任务。假如发改委给的母猪繁殖补贴非常高，那么养猪场就会把重点工作放在母猪生小猪上，至于小猪生下来是否健康、能活多久，它可能就不太考虑了。但是这样一来，卫生部门的工作就难以完成。可见，面对多个委托人，代理人每完成了一项任务，就相当于削弱了其他任务的投入水平，也相当于增加了其他任务的考核风险。

那么，如果委托人提高某项任务的奖励，或者对某项任务的考核实行一票否决，是否会改变代理人顾此失彼的行为呢？答案是否。因为不管是奖励还是惩罚，都改变不了代理人每天只有 24 小时的时间和精力约束。而且，代理人承担的任务越多，精力就越是不够，这样代理人完成任务的总体情况就会越糟糕。另一方面，除了代理人的精力限制，每一项任务都有一定的不确定性。这里说的不确定性包括外部风险，比如突发事件、恶劣天气、大流行病、国际冲突等难以预测的因素。每一项任务的完成，一方面取决于代理人的努力水平；另一方面取决于外部环境。因此，**委托人越多，代理人的任务就越多，同时代理人的风险就越大，这导致激励效果就越差。**

员工可能操纵老板

大家可能觉得共同代理理论似乎和我们前文讲过的多任务代理模型差不多,都认为代理人会在多项任务之间套利,导致顾此失彼。但实际上共同代理导致的问题比多任务代理更严重,因为它还会导致代理人利用多个委托人之间的信息不对称去投机取巧,甚至操纵委托人。通常情况下,委托人是老板、上司或领导,怎么可能被作为下属或员工的代理人操纵呢?我们来看下面的故事。

大家应该都听说过"三个和尚没水喝"的寓言,我把它稍微改编一下。假设第一个和尚是方丈,第二个和尚是监院(相当于寺庙的"二把手"),第三个和尚是普通的小和尚。方丈和监院都是小和尚的上司,因此小和尚就面临我们前面讲的共同代理问题。有一天早上下大雨,方丈让小和尚去山下迎接香客,以免香客在山间小路上滑倒摔伤。小和尚说:"对不起,监院让我去挑水,他说下大雨会导致泉水变污浊了,那我们几天都没有水喝了,这是紧急任务啊。"虽然方丈的级别比监院高,但方丈觉得监院的话有道理,毕竟要先急后缓嘛,于是他同意了。过了一会儿,监院看到小和尚,就叫他马上去挑水。小和尚说,方丈让他去山下迎接香客,因此他来不及挑水了。监院一想,方丈毕竟级别比自己高,当然要首先听方丈的安排。于是,方丈亲自去山下迎接香客,监院亲自去挑水,而小和尚却躲在屋里睡大觉。在多任务代理环境下,虽然会出现代理人激励扭曲问题,但委托人至少能从代理人身上获得一定的价值,而在共同代理环境下，代理人可能会利用委托人之间的信息不对称，反过来攫取委托人的价值，这会造成反客为主。

借助这个共同代理分析框架，我相信大家比较容易理解，为什么食品安全问题很难管好。因为每一样食品都涉及多个部门，多个部门之间往往目标不一致，又缺乏有效的沟通和协调，甚至各自为政，这导致被监管的食品企业要么顾此失彼，难以保证食品生产的每个环节都不出问题，要么干脆利用多个部门之间的监管漏洞，投机取巧，这样可能会导致更多的食品安全问题。而且，越是增加监管部门或者加大处罚力度，效果可能越糟糕。

那么该如何解决呢？正确的思路，不是"做加法"，增加更多的监管机构，相反是"做减法"。

第一，尽可能减少委托人或监管者的数量以及目标数量。因为委托人越多，目标越多，越是容易产生目标冲突并且导致代理人无所适从。第二，如果必须至少保留两个委托人，对同一个代理人实行"双重领导"，那么也必须明确以谁为主、以谁为辅。并且多个委托人之间应该有常设的协调机构，防止代理人利用委托人之间的信息不对称去套利。

在这方面，我认为国务院国有资产监督管理委员会（简称国资委）的成立是一个正面案例。在国资委 2003 年成立之前，国有企业的人事权归组织部管理，资产保值归财政部管理，重大投资归发改委管理，技术改造归经贸委管理，可谓"九龙治水"。九龙治水、多头管理的后果是，国有企业在经历了多轮改革之后，效率依然低下。

然而，国资委成立之后，它基本上实现了管人、管事和管资产的统一，从而有效地提高了国企的运营绩效。事实上，从数据上可以看出，2003年国资委成立之后，国企的效率明显开始上升，部分中央企业的效率甚至高于普通的民营企业。这就证明，实行大部制统筹管理比多部门管理更有效率。

当一个代理人（或者员工）面临多个委托人（或者老板）时，相当于承担了多项任务，这会导致代理人顾此失彼，代理人会优先完成奖励最高的任务，并导致其他任务的风险增大。同时，多个委托人之间存在着信息不对称，代理人可能会利用这种信息不对称去套利。解决的思路，就是要做减法，一是尽可能减少委托人的数量和目标的数量，二是在存在多个委托人时，明确主次之分，避免目标冲突。

根据上述内容，针对食品安全问题，我的建议有两条。一是尽可能整合涉及食品安全的多个监管部门，避免政出多门和责任边界不清。目前，国家市场监管总局成立之后，工商、质检、商务等部门的相关职能已经归入市场监管总局，这是正确的方向。二是加强多个监管部门之间的内部沟通和协调行动，并根据部委分工明确主要负责部门。目前主要是市场监管和农业农村部门两大系统之间的协调问题。

思考题

从消费者的角度讲，你认为什么是解决食品安全问题的有效方案？

第32讲　国企改革

如何避免褚时健的悲剧？

褚时健的悲情人生

　　在这一讲的开始，我们先看一个故事。故事的主人公曾是全国"十大改革风云人物""中国烟草大王"，因为他领导的云南红塔山集团成为亚洲排名第一的烟草企业。1999年，他被判处无期徒刑，保外就医后以74岁的高龄开始二次创业。他承包了一片荒山，然后在85岁时创造了著名水果品牌"褚橙"。我们在前面介绍拍卖理论时，还提到了为什么褚橙能够卖出远高于普通橙子的价格。他叫褚时健，于2019年逝世。

　　如果没有中间这段坐牢的经历，这本来是一个完美的励志故事。大家肯定很奇怪：像褚时健这么优秀的企业家，怎么会坐牢呢？褚时健1979年开始担任云南省玉溪卷烟厂厂长，到1995年即将退休时，他为国家创造的利税以及"红塔山"的品牌价值一共超过1400亿元。但是，工作将近20年，他的工资和奖金总共不超过100万元。100万元虽然当时也是一个不小的数目，但是跟他创造的上千亿利税相比，简直是九牛一毛。因此，他觉得非常不平衡，于是在退休前通过各种方式获取了170多万美元的非法收入。这导致他因贪污罪被判处无期徒刑，后来是因为健康原因保外就医，他才有二次创业的机会。

当年，褚时健因为贪污罪被判刑时，很多经济学家将褚时健的悲剧称为"59岁现象"。所谓"59岁现象"，就是国企经理人在任时的薪酬远远低于他们创造的市场价值，收入与贡献严重不匹配，因此他们在临退休时大捞一把，以便补偿自己。

用契约理论的话来说，59岁现象是一个典型的道德风险问题。国企主管部门和国企经理人构成了博弈双方，前者是委托人，后者是代理人。关键的问题是，国企主管部门和国企经理人之间存在严重的信息不对称问题。比如，该不该做一笔重大投资，该不该雇佣或者解雇某些职工，该不该把产品卖给某个企业或商人，这些重要决策一般掌握在国企经理人手中。经理人拥有这些问题的决策权或者建议权，而且经理人了解决策的成本和收益。但是，上级主管部门并不真正了解这些决策的成本和收益，因此很难判断这些决策是否合适，是否掺杂了个人利益，是否导致了国有资产流失。在信息不对称的前提下，如果国企经理人的薪酬太低，就会导致国企经理人的激励不足，就可能出现贪污受贿等道德风险问题。特别是临近国企经理人退休时,经理人不再需要为错误的决策承担任何损失,也不必在乎职业声誉,此时他们就会变得无所顾忌。因此,要解决国企经理人的激励问题,就必须提高其薪酬待遇。那么,当初为什么不提高国企经理人的待遇呢?如果要提高国企经理人的待遇,又该怎样提高呢?要回答这个问题,我们需要简单地回顾一下中国国有企业改革的艰辛历程,然后你会发现问题并不是大家想象得这么简单。在这里,我也要善意地提醒大家,我们多数时候希望将问题简化,但人为地简化问题,忽略背后的历史进程,我们就会错过真相,或者草率判断。

承包制的成与败

1978年底,安徽省凤阳县小岗村的十八位农民,冒着巨大的风险,立下了生死状,悄悄签订了农村土地承包责任书。之后,得到正式承认的"农村家庭联产承包责任制"拉开了中国农村改革的序幕,并且改变了无数农村的经济面貌。1984年,"包"字进城了,大量国有企业开始模仿农村家庭联产承包责任制的做法,将企业承包给经理人。通常的承包方式是:一个承包期是三四年,承包人自负盈亏,并且每年向国家上交一个固定的利润数,剩下的利润一部分奖励承包人,一部分用于企业发展和工资发放。

国企承包制是一项重大的改革。其激励机制与农村家庭联产承包责任制类似,通俗地说就是"交够国家,留足集体,剩多剩少归自己"。从激励机制上说,国企经理人的报酬从过去的"死工资"变成了利润包干。因为利润是所有收入扣除工人工资、供应商原材料货款之后的剩余部分,所以分配利润的权力也叫"剩余索取权"。从契约关系上说,国企经理人和企业的关系,从过去的雇员—老板关系变成了对等的市场关系。总之,承包制在短期内迅速调动了国企经理人的积极性,一些被承包的国企很快就扭亏为盈。一时之间,承包制被当作搞活国企的灵丹妙药,并且在全国范围内大规模推广。

在承包制的推广过程中,出现了一个"神人"马胜利。1984年,马胜利毛遂自荐承包石家庄造纸厂,打破"铁饭碗、铁工资"制度,使造纸厂迅速扭亏为盈。据说当时全国有上千家国企领导人排着队恳求马胜利去承包他们的国企。1987年,马胜利将自己承包的全国一百家亏损的造纸厂联合起来,组建了"中国马胜利纸业集团"。然而,好景不长。1990年,马胜利最早承包的石家庄造纸厂严重亏损,其他承包企业也亏损不断;1991年,马胜利纸业集团解散,此时集团成立才4年;1995年,马胜利被上级免去所有职务。此后,他再也没有创造商业上的辉煌。马胜利的承包悲剧绝非个案,很多被承包的国企在经历了短暂的盈利之后,依旧陷入亏损的深渊。在国家层面,国企承包制改革在1992年前后逐步淡出。

承包制为何在农村有效,在国企失灵

这就出现了一个有趣的问题:同样是承包制,为什么它在农村成功了，在国企失败了呢？2009年诺贝尔经济学奖得主威廉姆森的一个观点帮我们解开了迷惑。威廉姆森认为，企业和市场是两种不同性质的契约，适用于不同的激励机制；如果在企业内部模仿市场，就会出现激励扭曲。这个知识点，我在前文用交易成本方法分析海尔集团的"人单合一"制度时，做了详细的介绍。下面，我再结合承包制简单地给大家梳理一下。

在市场上，一手交钱，一手交货，通常情况下没有什么不可预期的问题，也没有什么难以向第三方证实的麻烦，因此买卖双方之间的契约近似于一种完全契约。此时，利润作为一种剩余索取权可以高效地激励双方努力降低成本或者提高品质。在承包制下，一旦上交的利润固定了，承包人就获得了企业的剩余索取权，因此承包制是一种典型的市场机制。

但是，企业内部的生产和交易过程比较复杂，当事人之间的契约无法将所有复杂的情况包括进去，是一种不完全契约。当出现了契约没有规定的情况时，谁说了算就非常重要，这就是所谓的"剩余控制权"。通俗地说，剩余索取权就是利润分配权，而剩余控制权就是最终决定权；前者是金钱，后者是决策。**在企业内部，剩余索取权和剩余控制权必须对应，就是让能挣钱的人必须说了算，否则就会出现激励扭曲。**相反，市场作为一种完全契约，不存在剩余控制权问题。

在国企承包制下，承包人上交的利润是多了还是少了，承包人在承包期内如何合理地使用企业资产，承包期结束后如何保证续约，承包导致严重亏损时谁来承担责任？这些问题都非常重要，但是它们要么无法预期，要么无法证实，因此难以包括在承包契约中。所以说，企业内部的承包制是一种高度不完全契约。那么，当上述问题出现时，究竟谁说了算呢？显然，国企主管部门（比如工业局）是代表国家的所有者，它拥有承包契约的剩余控制权。但是，国企经理人作为承包人可以合法获取上交之后的剩余利润，他拥有剩余索取权。你看，在承包制下，一方拥有剩余控制权，而另一方拥有剩余索取权，这就会出现问题。

剩余控制权和剩余索取权不对应会导致两种严重的后果。对承包国企的经理人而言，唯一目标是在短暂的承包期内实现最大化利润，因此他有很强的短期机会主义行为。他会涸泽而渔，过度使用企业机器、厂房和其他资产，不会做任何长远的投资和研发，这必然给以后的承包者埋下"地雷"并损害企业的可持续发展能力。

对国企主管部门来说，它拥有剩余控制权但只能获取固定的利润，因此也容易产生机会主义行为。如果承包期内国企赚钱很多，它会眼红，于是下一个承包期它会大幅提高利润上缴额度，否则它有权更换承包人。这其实是我们前文介绍过的"棘轮效应"，也就是工作任务、消费水平等数量指标只能高不能低，只能上不能下。个别领导人甚至会安排自己的亲信接手或者进行权力寻租来满足私人利益。一旦预期到棘轮效应和寻租风险，承包人就会进一步强化短期机会主义行为，从而形成恶性循环，最终导致国企在短暂盈利之后陷入长期亏损的深渊。这证明了威廉姆森的观点，承包制作为一种市场机制，不适合在企业内部实行。但问题是，为什么承包制在农村成功了呢？原因是，农户和村集体两者之间更像是一种市场关系，家庭联产承包责任制近似于一种完全契约。农民在土地上种植的作物主要是水稻、玉米、土豆等粮食。相对于工业产品来说，农产品产量波动不大，很难有大的技术创新，不存在上交产量年年递增的棘轮效应问题；农产品的生产过程非常简单，生产工具都是农民自己的，也不存在信息不对称问题或者过度使用生产工具问题。因此，家庭联产承包责任制在提高农民积极性的同时，并不会带来激励扭曲问题。所以，**同样的承包制导致了不同的结果，所以我们在使用经济学理论时，一定要注意适用范围，否则就会南辕北辙。**

不该承包，那该怎么办

根据契约理论，国企实行承包制一开始就走错了路。那究竟如何激励国企经理人努力呢？答案一目了然，就是让国企的剩余索取权与剩余控制权对应起来。国企的股份制改革就是一个正确的方向。

1993年，中央确立了以建立现代企业制度为核心的新一轮国企改革。承包制退场了，股份制上台了。股份制改革赋予国企经理人一定比例的股权，这意味着他们以部分所有者的身份在分享利润的同时也获得了一定的剩余控制权。这样，剩余索取权在一定程度上和剩余控制权对应了，从而实现了激励相容。其实，十八届三中全会之后推行的"混合所有制改革"，在某种程度上正是股份制改革的深化，目标之一都是让国企经理人的剩余索取权和剩余控制权对应起来。

"玻璃大王"曹德旺的创业故事就证明了上述观点。1983年，曹德旺承包了位于福建老家的一家公有制企业——高山异形玻璃厂。一年之后，他圆满完成了上交6万元利润的任务，却不愿再次承包，因为他认为这会导致承包人的短期投机行为。于是，高山镇政府与曹德旺的管理团队以股份制的形式组建了新的高山玻璃厂。之后，曹德旺在县政府的支持下引入外资，将高山玻璃厂改造为中外合资福建耀华玻璃工业有限公司。福建耀华后来变成了举世闻名的"福耀"集团。世间所有的果，都是早年种下的因。

所以，最优的激励机制要求剩余索取权与剩余控制权对应。国企承包制虽然赋予了承包人剩余索取权，但没有赋予剩余控制权，因此容易出现激励扭曲。承包制适合市场，不适合企业。经济改革应该确保"让市场的归市场，让企业的归企业"。

思考题

有经济学家认为国企经理人好比是国企的保姆，保姆应该把孩子养大，但不能"鸠占鹊巢"，因此国企经理人不应该拥有国企股份。请问你如何看待这个观点？

第33讲　公共管理的边界

美国的监狱该不该私有化？

美国的私人监狱

在大多数国家，一些重要的基础设施，例如机场、港口和军工厂，通常是由政府管理和运营的。但是在美国，不仅军工厂是私营企业，就连一些监狱都私有化了。看上去似乎是匪夷所思，但事实就是如此。1985年美国的私营监狱公司只有1200个犯人，到1994年就增加到5万个犯人，而且这个数字一直在增长。根据媒体报道，近几年美国大概有100家私营监狱公司，关押的犯人达到12.8万人。美国最大的私营监狱公司CCA（Corrections Corporation of America，美国矫正公司）成立于1983年，可同时关押8万多个犯人，2018年营业收入超过18亿美元，利润超过1.6亿美元。最近几年，"《财富》世界500强"企业的最低门槛大概是营业收入20亿美元。也就是说，这家美国最大的私营监狱竟然相当于一家世界500强企业。

那么,为什么美国的监狱可以交给私营企业,为什么政府不自己运营所有的监狱,究竟是政府运营监狱更好,还是私营企业运营监狱更好呢?

一个很现实的理由就是公立监狱供不应求,必须外包给私营监狱才能解决问题。大家可能不知道,美国是世界上监禁率最高的国家。美国的人口数量是3亿,只占全球总数的5%,但是美国的囚犯数量却占全球的25%。也就是说,全世界所有犯人中,每四个人就有一个是关在美国。根据美国司法部的数据,20世纪80年代美国每年大约有2.5万人被送进监狱。到了2016年进监狱的人有216.2万,增加了100倍。因此美国监狱系统的主要矛盾是,日益增长的犯人关押需求,与有限的公立监狱数量和财政预算之间的矛盾。在这种情况下,只能将部分犯人关进私营监狱。关键是,私营监狱的成本比公立监狱低10%。在联邦经费捉襟见肘的情况下,这可帮了政府的大忙。因此,私营监狱一直受到政府的青睐。

但这并不是说,面对监狱私有化,美国就没有反对的声音。相反,反对的声音一直存在。大家都知道,私营企业的主要目的是利润最大化。因此,反对监狱私有化的人认为,私营监狱将追求利润的目标放在改造犯人的社会责任之前,过于关注降低成本,这导致了一些虐待犯人和暴力充斥的丑闻,从而不利于犯人改造,最终可能会危害社会。2019年,一个法国公司高管出版了一本畅销书《美国陷阱:如何通过非商业手段瓦解他国商业巨头》(*Le Piège* américain），本书作者因为违反了美国《反海外腐败法》，被美国抓获，然后关在一家私营监狱里。他在书中抱怨，美国私营监狱里伙食很差、金钱当道。

私有化问题的本质是政府和市场的边界问题

监狱私有化的好处是成本低，坏处是忽视监狱的改造质量。那么，究竟美国监狱该不该私有化呢？面对这种问题，我们还是要坚持：公说公有理，婆说婆有理；到底谁有理，关键看逻辑；逻辑要自洽，关键是框架。有了分析框架，我们就能进行成本—收益分析，并且根据具体环境做出最优选择。有意思的是，美国监狱私有化的问题不仅引起了媒体热议，而且引起了几位哈佛大学经济学家的关注。他们发现监狱该不该私有化的背后，其实是政府与市场的边界问题，这就触及了问题的本质。

我在本书中多次提到的哈佛大学经济学系教授哈特，1997年与同事施莱佛（Andrei Shleifer）以及芝加哥大学教授维什尼（Robert Vishny）共同在《经济学季刊》上发表了一篇论文，用一个巧妙的分析框架研究了政府和市场的最优边界，然后讨论了美国监狱的私有化问题，并且还可以将这个框架拓展到更多应用场景。

在哈特教授的分析框架中，假设政府需要一项公共服务或者一批商品，比如运营一座监狱、一所学校或者搭建一个政府网站。政府有两种选择：一是政府自己干，让一个公立机构来提供这项公共服务,并任命一个官员来管理;二是外包给市场,让一个私营机构来提供这项公共服务。

这里有两个关键假设。第一,这类公共服务的质量是难以证实的。以监狱为例,监狱最主要的目的不是把犯人关进去就完了,而是要把犯人改造好,让犯人出狱之后不再犯法。问题是,如何度量改造效果呢?如果一个犯人出狱后因为某种原因再次犯法,那么这应该怪监狱还是怪当地的政府以及社会环境呢?这是无法证实的。因此,政府和供应商之间的契约是一个典型的不完全契约,即合同的关键内容难以证实。相反,如果服务质量很容易被证实,那么政府和供应商就可以签订一种完全契约,双方也不会发生任何争议。在完全契约下,只要服务质量没问题,谁的价格低就采购谁的,此时根本不需要讨论"公营"还是"私营"的问题。

第二,供应商可以努力降低运营成本,也可以努力提高服务品质,但是两者是相互冲突的。也就是说,降低成本会给提高品质带来一定的负效应。俗话说得好,"便宜没好货"。如果一个犯人在监狱里连饭都吃不饱,那么改造效果肯定好不了。

在上述情境下,哈特等人分析了公立机构和私营机构各自提供公共服务的利弊。

对于公立机构来说,它的管理者是一个官员,因此他的主要报酬是固定工资和奖金,他不能分享利润,也就是没有剩余索取权。既然官员不能获得利润,他就没有动力去降低运营成本。另一方面,他也没有动力去提高品质,因为他不能从提高品质上得到任何好处。

对官员来说，维持机构的正常运转是最重要的，多一事不如少一事。这其实是我们这本书一直强调的激励问题。大家一定要记住，在信息不对称条件下，激励问题至关重要。因此，由公立机构提供公共服务的弊端是，官员降低成本和提高品质的努力水平都会低于最优水平。为了便于和后面的情况比较，我们姑且看作中等程度。从另一个角度看，这意味着官员不会为了过度降低成本去损害服务品质，这是公立机构的优点。

对于私营机构来说，它的管理者是私人老板。老板和政府是市场买卖关系，不是组织内部的上下级关系，也不是企业内部关系。在市场化机制下，只要价格谈好了，比如每关押一个犯人政府补贴多少钱，那么降低运营成本带来的利润就全部归老板所有。由于老板拥有剩余索取权，因此相对于公立机构，私营机构有更强的激励去降低成本。不过，如果老板想提高服务品质，也没那么容易。因为公共服务的品质是无法被证实的，所以老板提高服务品质之后，必须得到政府认可，政府才愿意提高购买价格。这意味着老板需要和政府谈判并分享提高品质带来的利润。相比之下，降低成本的利润可以独占，而提高品质的利润需要和政府分享，于是老板降低成本的激励很强，而提高品质的激励很弱。因此，私营机构提供公共服务的优点是，能够大幅度地降低成本；弊端是，相对于公立机构，私营机构会过度降低成本，并降低服务品质。

综合公立机构和私营机构的利弊，并结合公共服务的性质，哈特教授为政府和市场的边界提供了一个清晰的原则：如果公共服务是标准化的，并且降低成本比提高品质更重要，那么让私营机构运营更好，也就是交给市场去办；反之，如果公共服务是非标准化的，并且提高品质比降低成本更重要，那么让公立机构运营更好，也就是交给政府。

美国的监狱和邮局

下面，我们用监狱这个案例来具体说明上述核心观点。如果监狱需要关押的是一些犯罪情节较轻、对社会危害不大的罪犯，比如经济或民事罪犯，他们出狱后对社会的危害相对较小，那么政府关注的重点是如何降低监狱的运营成本，而不太担心改造效果。这类罪犯就比较适合交给私营监狱。即便私营监狱大幅降低成本，也不会造成严重的社会后果。事实上，美国私营监狱的主要订单，就是美国联邦移民局抓获的大量非法移民。这些非法移民被关押一段时间后，就会被递解出境，不存在改造问题，因此降低监狱的运营成本只有好处而没有坏处。《美国陷阱》的作者是法国人，最后被送回法国服刑，因此他被安排在私营监狱，从而经历了低成本运营给他带来的痛苦。

相反，如果需要关押的是一些犯罪情节很严重、出狱后对社会仍然存在一定隐患的刑事罪犯，那么改造效果是重点，或者说服务品质是重点，降低成本不是重点。如果政府把这类罪犯交给私营监狱的话，私营监狱就会为了降低成本而忽视改造效果，从而给社会带来较大的负面后果。相反，公立监狱不是商业机构，没有动力去过度降低成本，这样反而有利于改造效果。因此，这类罪犯应该交给公立监狱。

除了美国的监狱，我们再看一个国有企业的例子。美国虽然是头号资本主义强国，但是美国也有国有企业，而且规模还不小。美国邮政局（USPS）是美国最大的国有企业，雇员超过50万人，在2019年营业收入超过700亿美元，名列"《财富》世界500强"企业名单第123位。但是，美国邮政局已经连续十几年亏损，仅2018年就亏损39亿美元。从降低成本的角度讲，亏损如此严重的国有企业，早就该被私有化了，但是在美国却没有私有化，这是为什么呢？因为对大多数美国人来说，他们已经习惯了每天早上喝咖啡、看报纸，而报纸通常是美国邮政局负责递送的。也就是说，美国人更看重邮政服务的品质，而不太在乎成本控制。著名的调查机构皮尤研究所2018年初的民意调查显示，在10家美国联邦机构中，最受民众喜爱的是美国邮政，并且88%的受访者对其服务表示满意。

不要忽视信息不对称

借助监狱这个案例，我们概括了一个基本原则：**标准化的产品或服务，应该交给市场；非标准化的产品或服务，应该交给政府。** 像惩罚非法移民这样的任务就是标准化的服务，而改造危险的犯罪分子显然就是非标准化的服务了。但是有时候情况并不是这么简单。

比如孕妇生产，在今天已经是一件非常成熟的手术了，任何一个县级医院都可以操作。按照以上观点，这样成熟的、标准化的手术应该完全交给市场，或者说私立医院完全可以承担了。但事实上并非如此。在北京，一些顶尖的私立医院可以实施孕妇的顺产手术，但是本身却没有资格实施剖宫产手术，它必须额外申请名额，或者与公立医院合作才能实施剖宫产手术。这是为什么呢？

因为剖宫产涉及比较严重的手术风险，并且在医生和患者之间存在严重的信息不对称问题。从理论上讲，如果一项业务越是信息不对称，就越是可能存在道德风险问题。相对而言，由于私营机构拥有更多的剩余索取权，因此它比公立机构更有激励铤而走险。比如私立医院可能会利用剖宫产的风险向患者多收钱，而且这种收费是很难监督的，并且手术失败后还可能推卸责任。相反，公立医院的收费相对比较透明，关键是公立医院没有剩余索取权，不太可能为了营利而冒险。因此，当存在高度的信息不对称时，为了减少道德风险问题，保护消费者的利益，政府往往会倾向于让公立机构提供这类产品或服务，尽管公立机构的效率相对更差。但是，在人命关天的道德风险问题面前，效率应该退居其次，这是一种次优选择。

一项公共服务究竟应该由公立机构还是私营机构提供，一是取决于公共服务的性质。越是标准化的服务，越是适合由私营机构提供；越是非标准化的服务，越是适合由公立机构提供。二是取决于信息不对称程度。为了避免严重的道德风险问题，由公立机构提供服务往往是一种次优选择。由此看来，国有企业成本高是必然的，但效果差却未必。

思考题

为什么全世界最好的大学，比如哈佛、耶鲁以及牛津、剑桥，都是私立或者公立的非营利大学，而不是追求利润最大化的营利性大学呢？

第34讲 财税体制

中央和地方如何分钱?

争议"分税制"

对一个大国来说,最重要的国家治理问题就是处理中央和地方的关系。几千年以来,在中国这样一个大一统的国家,如何处理央地关系一直是历代统治者的重中之重。在央地关系中,最重要的问题又是财政税收关系,因为财政税收直接决定了政府能否维持运转。我们常说,"高度决定格局,眼界决定境界"。因此,如果你要站在一个顶层的高度来理解国家兴衰或者国家治理,你一定要懂一点中央和地方之间的财政税收关系。

自1978年实行改革开放以来,中国在很多方面都进行了较大的改革。在经济领域,最重大的改革举措或者说制度变迁,毫无疑问是1994年的分税制改革,它对经济增长、央地关系以及地区差异产生了深远的影响。所谓分税制，就是中央和地方按照税种来划分预算收入。例如，关税属于中央税，由中央政府收走；土地增值税属于地方税，由地方政府收走；还有一些中央和地方共享税，比如增值税、企业所得税，双方按比例分享。我们稍后会介绍分税制的出台背景。

与此同时，分税制也引发了巨大的争议。多位著名经济学家指出，分税制催生了土地财政，推高了房价。分税制改革究竟是怎么回事，它真的是高房价的推手吗？下面，我就来跟大家聊聊这个宏大但是又重要的话题。因为我们每个人都关心房价，要理解房价，就必须搞清楚房价和分税制究竟有没有关系。

我们的主要分析框架是契约理论，这个强大的框架同样可以帮助我们分析中央和地方的关系。如果我们把中央政府和以省为代表的地方政府看作是一种委托—代理关系的话，那么中央政府就是委托人，地方政府就是代理人。很明显，在一个幅员辽阔、地区差异很大的国家，中央政府和地方政府之间存在着巨大的信息不对称，中央政府很难完全掌握地方的税收来源和财政收支情况。因此，中央政府面对的最大难题是，在信息不对称下，什么样的最优契约才能激励地方政府努力发展经济，同时最大化全国的总收入呢？通俗地说，就是如何设计一种最优契约，同时"调动中央和地方两个的积极性"。如果中央征收的税率太高了，导致地方的税收减少了，那么地方就没有积极性去培育税源和征税；但是，如果中央收的税太少了，中央缺乏提供全国公共物品的能力，中央就会将很多事权下放给地方，这样地方就会不堪重负。

问题是，这还不仅仅是一个中央和地方分多少税的问题，另一个关键问题是，由于中央和地方之间存在信息不对称，地方既有可能隐瞒自己的真实财政收入，也有可能不去增加财政收入。隐瞒收入属于我们前面介绍过的逆向选择问题，而减少财政收入或者降低征税效率属于我们前面介绍过的道德风险问题。

为了找到这样一种最优契约，新中国成立以来，财政税收体制经历了多次变迁。每一次变迁都是一次中央—地方契约关系的变革，而每一次变革在解决了已有问题的同时，又产生了新的问题。下面，就让我们来了解一下中国央地契约关系的变革过程。你将会发现，只要你了解契约理论的基本分析框架，你不仅可以用来分析招聘问题、偷懒问题和合谋问题，还可以用来分析国家治理问题，从而帮助你站在一个更高的层次来理解这个不完美的世界。按照老子的说法，"治大国若烹小鲜"。**理论的价值就在于"万变不离其宗"，而契约理论就好比是武林中的"剑宗"。**

从统收统支到财政包干

建国初期，中国实行"统收统支"的财税体制。所谓统收统支，就是各省、市、自治区及其以下的地方政府将所有财税收入都上缴中央政府，然后中央政府再给予地方政府一笔相对固定的费用，作为地方政府的财政支出。说白了，就是地方政府的收入和支出都由中央政府统一安排，这就是"统收统支"。

用契约理论的话来说，统收统支财税体制就是一种固定工资契约，中央政府给地方政府支付一个固定工资，然后拿走全部收入。当时国家"一穷二白"，中央将全国的财税收入集中投资于一批重大项目，比如156个重点工业项目，能够实现"集中力量办大事"的效果。事实上，这些重大项目为新中国迅速奠定了较好的工业基础。但是，在信息不对称的条件下，固定工资契约其实是一种"大锅饭"体制，会导致严重的道德风险问题。在一个企业中，如果实行固定工资制度，一定会导致"干多干少一个样，干好干坏一个样，干与不干一个样"的结果。由于统收统支的财税体制既没法监督地方政府增加财税来源的努力，也没有给地方政府留下任何经济剩余，因此是一种无效率的央地契约。很多人注意到改革开放前的企业、工人和农民的激励缺乏问题，其实地方政府也存在激励缺乏问题。因为地方政府缺乏增加财税收入的积极性，所以也没有动力去投资基础设施和推动经济增长，这是当时经济增长缓慢的重要原因之一。

于是，为了解决地方政府激励不足的难题，从1980年开始，中国实行了"财政包干"体制。大家都知道，1978年的农村家庭联产承包责任制改革成功了，成功的主要原因就是通过承包制给农户留下了剩余索取权，从而极大地提高了农民干活的积极性。于是，财税体制也引入了"大包干"的改革思路。

具体怎么操作呢？财政包干制就相当于承包契约，即地方政府每年向中央政府交一笔相对固定的税收，相当于包干一个基数，然后地方政府自负盈亏,成为财税收入的剩余索取者。在财政包干制下,中央和地方的关系就好比是集体和农户的关系。地方政府收入越多,自己留下的部分就越多,那当然就越有干劲了。从契约理论的角度讲,财政包干制为地方政府提供了一种"高能激励",也就是让地方政府成为本地财税收入的主导者。事实证明,实行财政包干制之后,地方政府的积极性被极大地调动起来了,在此期间GDP每年增长9%以上。

分税制的出台

但是,实行财政包干制之后,新的问题又出现了,地方政府开始隐瞒财政收入。由于超过包干基数的财税必须上缴中央,于是地方政府在完成基数之后,就不再收税,而是把税收留在企业——美其名曰"藏富于企业",然后通过向企业集资、摊派的方式再取出来。一位财税专家曾告诉我一个这样的真实案例。中央和某个省约定:如果当地财政收入不足165亿元,每年向中央缴纳100亿元税收;超过165亿时,超过部分实行5∶5分成。结果你猜怎么着?该省连续5年的财政收入刚好在163—165亿元,一点都没增长。也就是说,在完成中央要求的税收定额后,该省努力控制财政收入不增长,以便尽最大可能降低中央参与的税收分成部分。这样做的后果是,地方政府的财政收入并没有真正减少,但是中央的税收收入减少了,而且全国的财政总收入也相应地减少了。

这导致了所谓"两个比重下降"的严重后果：一方面财政收入占 GDP 的比重连年下降，从 1980 年的 28% 下降到 1993 年的 13%；另一方面，中央财政收入占全国财政收入的比重连年下降，从 40% 下降到 22%。中央财政收入下降使得中央政府的公共职能面临弱化的危险，例如中央没有足够的钱去建设国防、骨干铁路和高速公路网络，这会导致国家能力受到动摇。

财政包干制的主要问题在于，地方政府可以利用信息不对称隐瞒财政收入，缺乏增加财政收入的积极性。那么，有什么办法可以让中央财政收入和地方财政收入一起增长，从而实现中央和地方双赢呢？用契约理论的话来说，最优契约必须保证地方政府的"激励相容"。所谓激励相容，就是代理人做好一件事情，对委托人和代理人都有好处，也就是"双赢"。

这样的契约就是 1994 年开始实行的分税制。在分税制下，所有税种分为三类：中央税、地方税以及中央和地方共享税，除了地方税由地税局征收，其余税收都由中央所属的国税局征收。中央和地方共享税主要是增值税，占税收总额的 30%—40%，因此分税制的核心是分成制，或者说分成契约。

根据契约理论，在信息不对称下，最优的契约就应该是分成契约。因为分成契约能够将委托人和代理人的利益捆绑在一起，实现激励相容，从而减少代理人的道德风险行为。在分税制下，地方政府越是努力提高财税收入，得到的税收总额就越高，并且中央政府得到的税收总额也越高，因此这是一种"双赢"的激励机制。另一个关键是，由于增值税是由中央所属的国税局征收，而不是由地方税务局征收，这样就减少了信息不对称问题。正因为分税制是理论上最优的税收契约，所以世界上大部分国家都实行了某种形式的分税制。

分税制与高房价没有必然关系

看上去，分税制在理论上和实践上都是有效的，央地关系的核心难题似乎找到了完美的答案。但是，分税制却引起了巨大的争议。长期以来，社会上流传着一种观点，认为分税制催生了高房价。背后的逻辑是这样的：分税制导致地方财权减少，但事权增多，地方财政入不敷出。为了弥补亏空，地方政府就拼命卖地，这就导致了土地财政。地价越高，当然房价就越高。因此土地财政导致了高房价，使几亿中产阶层成为终身"房奴"。

这个逻辑看上去环环相扣、无懈可击，遗憾的是它并不成立，因为它不符合事实。实行分税制之后，虽然中央政府的财政收入占全国财政收入的比例从22%上升到大约50%，但是其中有大约30%以转移支付的形式返还给了地方政府。算起来中央政府实际上的财政收入仍然保持在20%左右，这与中央政府的财政支出比例20%是相对应的。也就是说，分税制从总体上并没有改变中央和地方的财权与事权的对应关系。

其实，高房价与住房改革方式有关，与分税制没有必然关系。按照1998年的房改政策设想，地方政府通过卖地取得收入之后，应该将大部分土地出让金用于建设经济保障房。具体来说，就是**地方政府通过商品房收富人的钱，然后通过保障房补贴给穷人，这是一种行之有效的国际经验**。例如，新加坡可以说是"土地财政"的榜样，但是90%的居民住在政府廉价提供的"组屋"里，并没有出现高房价问题。可见，**只要政策合理，高地价和低房价不是仇敌**。因此，应该反思的不是分税制，而是房改政策只落实了卖地的一半，却没有落实建设保障房的另一半。这一现象的背后，是某些地方官员为了做大政绩而出现的投资饥渴症以及短期机会主义行为。

中国政府间的财税体制在本质上就是一种契约关系：统收统支体制就是固定工资制，效率最低；财政包干制是固定价格契约，对地方政府的激励强度很大，但是道德风险问题也很严重；分税制是一种分成契约，能够实现中央政府和地方政府的"双赢"，是目前体制下的最优选择。但是，高房价与分税制本身并没有必然关系，高房价不是分税制的错。

思考题

北宋时期，王安石主张通过变法来解决财政负担问题，但是遭到了以司马光为代表的官员反对。王安石认为，通过变法，既可以增加朝廷的财政收入，又不加重老百姓的负担（原话为"民不加赋而国用足"）。但是司马光认为，天下没有这样的好事，要么增加朝廷收入，要么增加百姓负担。你是否同意司马光的看法？

第35讲　国际贸易

中国如何摆脱"用衬衫换飞机"的困局?

衬衫换飞机的贸易模式

在人类历史上,世界强国通常都是贸易强国。从早期的西班牙、葡萄牙到荷兰,再到近现代的英国和美国,无一不是贸易强国。21世纪更是一个全球化的世界。因此,任何一个国家要成为世界强国,它一定要首先成为贸易强国。那么,怎么才能成为贸易强国呢?传统的国际贸易理论认为,每个国家在贸易过程中都要发挥自己的比较优势。所谓比较优势,简单地说就是自己最擅长的方面。比如,有的国家在出口石油方面有比较优势,有的国家在制造家电方面有比较优势,而有的国家在劳动力方面有比较优势。我们可以进一步追问,什么因素决定了一个国家或者地区的比较优势呢?古典经济学家李嘉图(David Ricardo)认为,要素禀赋是比较优势的来源。

比如，中国是一个发展中国家，人口最多，劳动力资源丰富，但是资本和技术比较稀缺，因此中国的比较优势就是生产劳动密集型产品。而美国相反，作为一个发达国家，资本和技术非常丰富，但是劳动力比较昂贵，因此美国的比较优势就是生产资本密集型产品。于是，根据传统的国际贸易理论，中国就应该生产衬衫去换美国的大飞机。据说，有人做过测算，中国需要生产8亿件衬衫才能换来美国一架波音飞机。问题是，如果中国一直生产衬衫，美国一直生产飞机，那么中国在国际贸易中将永远处于"打工仔"的地位——别人赚大钱，中国赚小钱。

2014年，苹果公司推出了智能手机iPhone 6，当时官方售价大概是5000元，但是在刚上市时，一度被炒到上万元。根据苹果公司公布的2017年物料清单，iPhone的供货商有美国、德国、日本、韩国、中国台湾、中国大陆等14个国家和地区的183家企业。那么，每个国家或地区都能从iPhone 6的销售中分到多少钱呢？美国加州大学的几位学者深入研究了iPhone的价值链。他们发现，在iPhone 6创造的全部利润中，苹果公司拿走了75%，日本和韩国分到了7%，而主要负责装配的中国大陆只分到了可怜的2%。原因在于，从价值链上看，美国主要提供芯片、内存和集成电路等核心零部件，日本和韩国主要提供显示面板和部分芯片，而中国大陆主要提供声学组件以及结构件等非核心零部件。因为在价值链中处于低端水平，所以中国大陆获得的利润分成比例就非常低。

显然，要成为贸易强国，就必须在国际贸易的价值链中处于高端地位，主要出口高技术产品或者资本密集型产品，而不是低端的劳动密集型产品。

如果根据传统贸易理论，比较优势由要素禀赋决定，那么中国这样的人口大国似乎只有坐等要素禀赋发生变化的那一天，才能获得生产资本和技术密集型产品的比较优势。显然，这是一个悲观的前景。

制度质量才是比较优势的来源

那么，除了期待要素禀赋发生改变，有没有其他方法让一个国家摆脱"用衬衫换飞机"的低端贸易模式呢？针对这个问题，最近十年，以哈佛大学教授纳恩（Nathan Nunn）为代表的一批国际贸易学者提出了一个新的理论框架，他们将不完全契约理论和国际贸易理论结合，创立了"新—新国际贸易理论"。新—新国际贸易理论究竟新在哪里呢？

传统的国际贸易理论认为要素禀赋是比较优势的来源，而新—新国际贸易理论认为制度质量才是比较优势的来源。所谓制度质量，就是一个国家的法治水平、产权保护程度以及契约实施程度。新—新国际贸易理论的逻辑如下：一种产品的技术水平越高级，它涉及的分工网络就越复杂。那么在很多企业分工合作的过程中，就会有很多因素难以预测、难以描述，或者很多工作难以证实，这就会导致供应链上厂商之间的契约变成了一种高度不完全契约。在契约不完全时，制度的作用就非常重要。只有那些制度质量好的国家，才能提供比较完善的产权保护和契约实施，减少不完全契约造成的后果。因此**制度质量越好的国家，在生产高技术产品方面越具有比较优势**。换句话说，越是高技术产品，契约就越是不完全，就越是需要好的制度支撑。

下面我们就举个例子解释一下。大家知道国际上衡量一种产品技术水平的主要指标是什么吗？是零部件数量。不重复的零部件数量越大，产品的技术水平越高。例如，中国的高铁列车有 2 万个不重复的零部件，美国波音 777 这样的大飞机大约有 100 万个不重复的零部件，而航空母舰通常有 160 万个不重复的零部件。我们不妨以大飞机生产为例。假设一个企业能够生产 10 个零部件，那么 100 万个零部件的大飞机项目，就对应于 10 万个上下游企业。这么多企业要开展分工合作，需要签订无数份契约。一种产品涉及的契约数量可以称为契约密度。契约密度越高，就表示零部件越多，技术水平越高。

对于高技术产品来说，不仅契约密度很高，而且生产周期较长——例如波音 777 的生产周期大约为 5 年，因此这些契约很难考虑到未来的各种不确定性，必然有很多漏洞。此外，创新性产品往往没有惯例可循，那么契约中关于技术参数、产品性能、市场需求的条款都难以确定，需要不断试错。总之，高技术产品的生产契约是典型的不完全契约，而不是囊括了所有可能性的完全契约。如果每份契约都有一个漏洞，10 万份契约就有 10 万个漏洞。我们在前面讲过，不完全契约会导致三种后果：第一，当事人之间的讨价还价，这会增加额外的交易成本；第二，当事人之间的契约纠纷，这可能导致毁约或者重新签约；第三，敲竹杠问题，一方趁另一方做出沉没性投资之后抬高要价，要挟对方。

那么，怎么才能减少契约不完全导致的交易成本呢？这需要高质量的制度支持。当出现契约不完全时，政府能够提供稳定的预期，减少各种不确定性，保护投资者的财产权；司法体系能够有效地解决各类契约纠纷，减少敲竹杠现象，以及保护企业的知识产权；行业协会或市场中介能够提供完善的担保机制和声誉机制，让违约者受到应有的惩罚。

我们以知识产权保护为例，来说明不完全契约对制度质量的依赖性。在真实世界中，一个小公司发明了一种新技术，然后大公司将其复制，并且反过来告小公司侵权，这是一种非常恶劣但是并不罕见的现象。很多知识产权不太容易证实谁是首创者，特别是小公司不善于进行专利保护，又支付不起高额的诉讼费，就容易被大公司敲竹杠。在美国，知识产权纠纷案件由专门的联邦巡回法院受理，这样就避免了地方法院可能存在的地方保护主义，而且200多年前的《专利法》就规定了惩罚性赔偿。所谓惩罚性赔偿，是指侵权者必须向被侵权者支付三倍的赔偿损失，因此侵权公司往往被罚得倾家荡产。此外，美国的司法体系属于判例法，一旦法律出现了真空地带，法官可以通过某个案件的判决来弥补法律的漏洞，这在很大程度上堵住了不完全契约的漏洞。

在美国这套严密保护知识产权的体系下，高技术产品的创新和出口非常活跃。美国高通公司作为世界通信行业的巨头，是美国高科技产品出口的典型案例。高通公司每年投入的研发费用占销售额的 15% 以上，而中国企业的研发投入比例平均值还不到 1%。正是凭借多年来的巨额创新投入，高通公司确立了以 CDMA（码分多址）技术为核心的一系列通信专利，成为 3G 和 4G 时代的行业霸主，不仅向世界各国出口大量芯片，而且每年收取巨额的专利费。仅仅是中国的华为公司，2019 年前三个季度就需要向高通支付专利费 33 亿元人民币。2020 年 7 月 30 日，华为一次性向高通公司支付专利费 18 亿美元（约合 120 亿元人民币）。

总之，一个国家的制度质量越高，或者说产权保护越好、契约实施水平越好，那么契约不完全的成本就越低，从而在生产高技术产品方面就越是具有比较优势。哈佛大学教授纳恩用世界银行的法治指数来衡量每个国家的制度质量，用契约密度衡量每个行业的技术水平，然后用全世界 146 个国家的国际贸易数据，通过计量经济学回归发现，那些制度质量更高的国家，确实在技术水平更高的行业占有更高的出口比例。这验证了新—新国际贸易理论。

新—新国际贸易理论对中国的启示

传统的国际贸易理论只能解释中国出口大量的劳动密集型产品，以及组装像 iPhone 这样的高科技产品，而无法解释中国在某些高科技领域的崛起，但是新—新国际贸易理论可以解释这种现象。不管是中国的高铁、"天宫"还是"蛟龙"，这些对外出口的高科技产品都是依托中国的央企生产的。这绝非偶然。中国作为一个发展中国家，整体上法治和产权保护都不太完善，还不太可能出现大批的世界级高科技产品。一个次优办法是，以国家力量集中优势资源，为少数战略性行业提供全方位的产权保护和优质服务，这就相当于在少数战略性行业提供了高质量的制度支持。毕竟，大环境一时改不了，小环境可以变好。从实现技术赶超的角度讲，一些央企对于实现"中国制造"具有不可替代的作用。

新—新国际贸易理论也为中国的出口战略指明了方向。除了央企，中国还有华为这样的高科技民营企业。华为能够在5G时代引领世界通信技术潮流，这是非常难能可贵的。怎样才能出现更多的华为呢？既然制度质量是决定技术水平的关键因素，那么答案就很明确：中国必须大力加强法治建设，保护企业的财产权和知识产权，同时提高契约实施水平，减少各种不确定性，降低不完全契约的程度，使企业融入全球分工网络的成本更低。这跟中央提出的建设"法治化、国际化、便利化的营商环境"是一致的。

现代国家之间的竞争，主要不是要素禀赋的竞争，而是制度质量的竞争。 因此，中国要成为贸易强国，要提高出口产品的技术含量，就必须提高制度质量，包括加强产权保护，确保契约实施，提高法治水平，规范政企关系，改善营商环境。总之，要从过去依靠"人口红利"为主，转向依靠"制度红利"为主。

思考题

经济学家们发现，一些国家拥有非常丰富的资源，例如中东和北非，但是却往往陷入经济停滞，这被称为"资源诅咒"现象。请尝试从制度质量的角度解释"资源诅咒"。

参考文献

导论

1. 叶世昌，1998，《中国古代的京债》，《河北经贸大学学报》，第 3 期。
2. Miao, Meng, Guanjie Niu, Thomas Noe, 2020, "Contracting without Contracting Institutions—The 'Trusted—assistant' Loan in 19th Century China", *Journal of Financial Economics*, forthcoming.

第一章

1. 刘慈欣：《三体》，重庆出版社，2008 年。
2. 刘慈欣：《三体 2：黑暗森林》，重庆出版社，2008 年。
3. 刘慈欣：《三体 3：死神永生》，重庆出版社，2010 年。
4. 聂辉华，2015，《一个博弈矩阵破解〈三体〉奥秘》，《经济学家茶座》，第 4 辑（总第 70 辑）。
5. 罗伯特·阿克塞尔罗德：《合作的进化》，吴坚忠译，上海人民出版社，

2017 年。

6. Buchanan, James, 1975, "A Contractarian Paradigm for Applying Economic Theory", *American Economic Review*, 65(2): 225—230.

7. Williamson, Oliver, 2002, "The Lens of Contract: Private Ordering", *American Economic Review*, 92(2): 438—443.

8. 赵永春，2008，《试论"澶渊之盟"对宋辽关系的影响》，《社会科学辑刊》，第 2 期。

第二章

1. Spence, Michael, 1973, "Job Market Signaling," *Quarterly Journal of Economics,* 87(3): 355—373.

2. Weitzman, Martin, 1980, "The 'Ratchet Principle' and Performance Incentives", *Bell Journal of Economics*, 11(1): 302—308.

3. Meyer, Margaret, and John Vickers, 1997, "Performance Comparisons and Dynamic Incentives", *Journal of Political Economy*, 105(3): 547—581.

4. Prendergast, Canice, 1993, "A Theory of 'Yes Men'", *American Economic Review*, 83(4): 757—70.

5. 黄晓阳：《二号首长》，重庆出版社，2011 年。

6. Jensen, Michael, and William Meckling, 1976, "Theory of the Firm: Managerial Behavior, Agency Costs and Ownership Structure", *Journal of Financial Economics*, 3(4): 305—360.

7. Bertrand, Marianne, Sendhil Mullainathan, 2001, "Are CEOs Rewarded for Luck? The Ones Without Principals Are", *Quarterly Journal of Economics*, 116 (3): 901—932.

8. Aghion, Philippe, and Patrick Bolton, 1992, "An Incomplete Contracts

Approach to Financial Contracting", *Review of Economic Studies*, 59(3): 473—494.

9. Rothschild, M, and J. Stiglitz, 1976, "Equilibrium in Competitive Insurance Market", *Quarterly Journal of Economics,* 90: 629—649.

10. Holmstrom, Bengt, 1979, "Moral Hazard and Obesrvability", *Bell Journal of Economics*, 10(1): 74—91.

11. Benabou, Roland, and Jean Tirole, 2003, "Intrinsic and Extrinsic Motivation", *Review of Economic Studies*, 70(3): 489—520.

12. Gneezy, Uri, and Aldo Rustichini, 2000b, "Pay Enough or Don't Pay at All", *Quarterly Journal of Economics*, 115(3): 791—810.

13. Ely, Jeffrey C. and Juuso Valimaki, 2003, "Bad Reputation", *Quarterly Journal of Economics*, 118(3): 785—814.

14. Kreps, D., 1990, "Corporate Culture and Economic Theory", in *Perspectives on Positive Political Economy*, edited by James Alt and Kenneth Shepsle, Cambridge: Cambridge University Press, 90—143.

15. Holmstrom, Bengt, and Paul Milgrom, 1991, "Multi—task Principal—Agent Analyses: Incentive Contracts, Asset Ownership and Job Design", *Journal of Law, Economics and Organization*, 7:24—52.

16. 黄铁鹰,《海底捞你学不会》,中信出版社,2011年。

17. 聂辉华、党力,2013,《海底捞:管理者的迷失和难以复制的神话》,《经济学家茶座》,总第61辑。

18. 聂辉华:《跟〈西游记〉学创业——一本人人都要读的管理秘籍》,中国人民大学出版社,2015年。

19. Lazear, Edward, and Sherwin Rosen, 1981, "Rank—Order Tournament as Optimal Labor Contracts", *Journal of Political Economy*, 89: 841—864.

20. 李志刚:《创京东:刘强东亲述创业之路》,中信出版社,2015年。

21. Laffont, Jean—Jacques, 2005, *Regulation and Development*, Cambridge: Cambridge University Press.
22. Tirole, Jean, 1986, "Hierarchies and Bureaucracies: On the Role of Collusion in Organizations", *Journal of Law, Economics, and Organization*, 2(2): 181—214.
23. Tirole, Jean, 1992, "Collusion and the Theory of Organizations", in Jean—Jacques Laffont (eds.), *Advances in Economic Theory: Proceedings of the Sixth World Congress of the Econometric Society*, Cambridge: Cambridge University Press.
24. Aghion, Philippe, and Jean Tirole, 1997, "Formal and Real Authority in Organizations", *Journal of Political Economy*, 105: 1—29.

第三章

1. Coase, Ronald, 1937, "The Nature of the Firm", *Economica*, 4(16): 386—405.
2. 奥利佛·威廉姆森:《资本主义经济制度》,第一、二、三章,段毅才、王伟译,商务印书馆,2002年。
3. Williamson, Oliver E., 1991, "Comparative Economics Organization: The Analysis of Discrete Structural Alternatives", *Administrative Science Quarterly*, 36(2): 269—96.
4. Coase, Ronald, 1972, "Durability and Monopoly," *Journal of Law and Economics*, 15(1): 143—149.
5. Hart, Oliver, and Jean Tirole, 1988, "Contract Renegotiation and Coasian Dynamics", *Review of Economic Studies*, 55: 509—540.
6. 奥利佛·哈特:《企业、合同与财务结构》,导论和第一章,费方域译,上海人民出版社,2006年。

7. Baker, George, Roberts Gibbons and Kevin Murphy, 2002, "Relational Contract and the Theory of the Firm", *Quarterly Journal of Economics*, 117: 39—83.
8. 聂辉华，2012，《最优农业契约与中国农业产业化模式》,《经济学（季刊）》, 第 12 卷，第 1 期。
9. Hart, Oliver, and John Moore, 2008, "Contracts as Reference Points", *Quarterly Journal of Economics*, 123(1): 1—48.
10. Hart, Oliver, 2008, "Reference Points and the Theory of the Firm", *Economica*, 75(299): 404—411.
11. Myerson, Roger, and Mark Satterthwaite, 1983, "Efficient Mechanisms for Bilateral Trading", *Journal of Economic Theory*, 29: 265—281.
12. 瑞·达利欧:《原则》，奥小绿译，中信出版社，2018 年。
13. Stiglitz, Joseph, Andrew Weiss, 1981, "Credit Rationing in Markets with Imperfect Information", *American Economic Review*, 71(3): 393—410.

第四章

1. 陈志武:《陈志武金融通识课：金融其实很简单》，湖南文艺出版社，2018 年。
2. 托马斯·皮凯蒂:《21 世纪资本论》，巴曙松等译，中信出版社，2014 年。
3. 李金波、聂辉华，2011,《儒家孝道、经济增长与文明分岔》,《中国社会科学》, 第 6 期。
4. Macaulay, Stewart, 1963, "Non—Contractual Relations in Business: A Preliminary Study", *American Sociological Review*, 28(1): 55—67.
5. 杨瑞龙、聂辉华，2006,《不完全契约理论：一个综述》,《经济研究》, 第 2 期。

6. 聂辉华，2016，《只出了一本专著的哈特，凭啥拿下 2016 年诺贝尔经济学奖？》，《解放日报》，10 月 13 日。
7. 奥利佛·威廉姆森：《资本主义经济制度》，第七章、第八章，段毅才、王伟译，商务印书馆，2002 年。
8. Hart, Oliver, Maija Halonen—Akatwijuka, 2013, "More is Less: Why Parties May Deliberately Write Incomplete Contracts", Harvard University, working paper.
9. Klemperer, Paul, 2004, *Auctions Theory and Practice*, New Jersey: Princeton University Press.
10. 柯伦柏:《拍卖:理论与实践》,钟鸿钧译,中国人民大学出版社,2006 年。

第五章

1. Bernheim, B. Douglas, and Michael D. Whinston, 1986, "Common Agency", *Econometrica*, 54 (4): 923—942.
2. 聂辉华，2006，《再论"三个和尚没水喝"——企业理论版》，《经济学家茶座》，第 1 辑（总第 23 辑）。
3. 周桦:《褚时健传》，中信出版集团，2015 年。
4. 奥利佛·威廉姆森:《资本主义经济制度》，第六章，段毅才、王伟译，商务印书馆，2002 年。
5. Hart, Oliver, Andrei Shleifer, and Robert Vishny, 1997, "Proper Scope of Government: Theory and an Application to Prisons", *Quarterly Journal of Economics*, 112(4): 1127—1161.
6. 吕冰洋、聂辉华，2014，《弹性分成：分税制的契约与影响》，《经济理论与经济管理》，第 7 期。
7. 贾康，2011，《我国分税制改革思路及政策安排：回顾与前瞻》，《金融发展评论》，第 11 期。

8. Nunn, Nathan, 2007, "Relationship—specificity, Incomplete Contracts and the Pattern of Trade", *Quarterly Journal of Economics*, 122(2): 569—600.

图书在版编目（CIP）数据

一切皆契约：真实世界中的博弈与决策 / 聂辉华著.
—上海：上海三联书店，2021.5
ISBN 978-7-5426-7392-3

Ⅰ.①一… Ⅱ.①聂… Ⅲ.①契约理论
Ⅳ.① F062.5

中国版本图书馆 CIP 数据核字 (2021) 第 066452 号

一切皆契约

真实世界中的博弈与决策

聂辉华 著

责任编辑 / 殷亚平
特约编辑 / 刘　畅　谢学雅
装帧设计 / 唐　宗　王鹰翘
内文制作 / 陈基胜
责任校对 / 张大伟
责任印制 / 姚　军

出版发行 / 上海三联书店
　　　　　（200030）上海市漕溪北路331号A座6楼
邮购电话 / 021-22895540
印　　刷 / 山东韵杰文化科技有限公司

版　　次 / 2021 年 5 月第 1 版
印　　次 / 2021 年 5 月第 1 次印刷
开　　本 / 1230mm × 880mm　1/32
字　　数 / 185千字
印　　张 / 9.5
书　　号 / ISBN 978-7-5426-7392-3/F.840
定　　价 / 68.00元

如发现印装质量问题，影响阅读，请与印刷厂联系：0533-8510898